Marcel Alper

Professionelle Softwaretests

Marcel Alper

Professionelle Softwaretests

Praxis der Qualitätsoptimierung kommerzieller Software

Die Deutsche Bibliothek – CIP-Einheitsaufnahme

Softcover reprint of the hardcover 1st edition 1994

Der Verlag Vieweg ist ein Unternehmen der Bertelsmann Fachinformation GmbH.

Gedruckt auf säurefreiem Papier

ISBN-13: 978-3-528-05454-0 e- ISBN-13: 978-3-322-86154-2

DOI: 10.1007/ 978-3-322-86154-2

Vorwort

Fast alle unsere Lebensbereiche werden offen oder versteckt durch Software beeinflußt. Das Logistikprogramm sorgt dafür, daß die Milch frisch auf den Frühstückstisch kommt. Das Kostenrechungsprogramm löst Fabriksschließungen aus.

Das Buch wendet sich an drei Gruppen von Betroffenen:

- An den Produzenten der Software, der der Fata Morgana „fehlerfreie Software" nachjagen muß.
- An den Prüfer und Controller, der ein Zahlenwerk beurteilt, das mittels Software erzeugt wurde; der insgeheim hofft, die Zahlen mögen nicht nur hübsch ausgedruckt, sondern auch korrekt ermittelt sein.
- An den kaufmännischen Anwender einer Software, der nur einen einzigen Wunsch hat: Die Software möge ihm die Arbeit erleichtern statt erschweren.

Kapitel 1 für Eilige

Bitte lesen Sie den Leitfaden im ersten Kapitel. Er weist Sie auf jene Kapitel hin, die auf Ihre Gruppe gezielt sind. Sie haben damit den unschätzbaren Vorteil, andere Kapitel mit bestem Gewissen überspringen zu dürfen.

Uns allen ist bewußt, daß Softwareproduktion ein komplexer und oft undurchsichtiger Prozeß ist. Die Spezialisierung wird vorangetrieben. Zur Erstellung von Programmcode werden Tools verwendet; mit der Auswirkung, daß der Programmierer seinen eigenen Programmcode nicht mehr versteht. Der Erzeuger der Software wird januskopfig: Einerseits Anwender der Programmierhilfen, andererseits kreativer Schöpfer von Software. Die Grenzen verschwimmen (ist der Manager, der Standard-Tabellen-Rechenprogramme mit eigenen Formeln und Makros verwendet, Anwender oder Programmierer?).

Fehlerfreie Software-Entwicklung

Die industrielle Fertigung von Software – gemeint ist damit ein Produktionsprozeß, der ähnlich überraschungsfrei abläuft, wie die Herstellung eines Autos – ist immer noch ein Schlagwort. Zu Recht empfindet der Programmanwender seine wachsende Abhängigkeit bei zunehmender Komplexität der Software als unbehaglich. Ein winziger Programmfehler kann die Telefonkommunikation eines Landes einen Tag lang fast lahmlegen (so geschehen in den USA).

Der Softwareanwender, der Controller, der Prüfer – sie alle sind nicht in der Lage, den Produktionsprozeß zu kontrollieren oder nachzuvollziehen. Sie haben nurmehr die Möglichkeit, andere geeignete Methoden zu suchen, um die Qualität des Produktes zu beurteilen. Die wirksamste Methode ist **Testen**. Das hat auch der Volksmund erkannt. Er sagt mit gutem Grund „d´rum teste, wer sich ewig bindet". Korrektes Testen hat positive Auswirkungen:

- Für den Anwender bedeutet es: Er kann einen schlechten Kauf vermeiden oder – wenn er bereits schlecht gekauft hat – kann er dies dem Verkäufer auch belegen und Verbesserung fordern.
- Für den Controller bedeutet es: Er kann die Grenzen erkennen, innerhalb derer er sich auf das Produkt stützen kann (und damit die Kühnheit seiner Prognosen dosieren).
- Für den Prüfer bedeutet es: Er kann qualitativ unzureichende Sofware auch als solche erkennen, und er muß nicht vertrauensvoll die Güte eines Zahlenwerkes bestätigen, das mit mangelhafter Software erstellt wurde.
- Für den Softwarehersteller bedeutet es: Er stellt sein Produkt richtig – im Sinn von „State of Art Engineering" – her und kann am Ende auch feststellen, ob das nunmehr richtig erstellte Produkt auch das „Richtige Produkt" aus der Sicht des Anwenders ist.

Mangelhafte Testkultur in kaufmännischen Anwendungen

Während es im technischen und militärischen Bereich Testverfahren und eine Testkultur gibt, ist im kaufmännischen Bereich wenig davon zu bemerken. Unser Thema aber ist die kaufmännische Software. Vom technischen und militärischen Bereich haben wir kaum Anregungen zu erwarten. Schade, aber verständlich (wir kommen noch darauf zu sprechen).

In diesem Buch verwenden wir den Ausdruck „Anwender" für jene Benutzer von Hardware und Software, die keine spezialisierte EDV-Abteilung haben. Dies ist in kleinen und mittleren Betrieben überwiegend der Fall.

Benutzer, die zwar Anwender sind, aber eine eigene Softwareentwicklungsgruppe haben, finden sich sowohl bei den Anwendern als auch bei den Softwareproduzenten angesprochen.

Unter Prüfer, Berater und Controller sind alle Fachleute mit dem Schwerpunkt ihrer Erfahrung im Rechnungswesen gemeint. Sie haben ähnliches Know-how und unterscheiden sich voneinander durch den Zeitpunkt, wann sie es präsentieren müssen. Vor dem

(Sünden)Fall = Berater, Nachher = Prüfer, der Controller mal so – mal so.

Bei den Begriffen wird es das ganze Buch hindurch Schwierigkeiten mit der Eindeutigkeit geben. Sogar das Wort „System", dem ich zwecks einer Definition ein eigenes Kapitel gewidmet habe, werde ich skrupellos als Wechselkennzeichen mißbrauchen. Aber vielleicht haben Sie für Zweideutigkeiten sowieso etwas über, und ich mache mir ganz unnötig Sorgen.

Wir üben eine Disziplin aus, deren Produkte eine technische Lebenserwartung von wenigen Monaten bis zu wenigen Jahren haben. Begriffe werden durch den Konsens von Menschengruppen geschaffen, einen komplexen Inhalt durch ein Kürzel zu beschreiben. Einmütigkeit braucht Zeit. Die Zeit zur Schaffung der Einmütigkeit ist den Menschengruppen aber nicht mehr gewährt. Wir werden uns bemühen, das bewegliche Ziel im Auge zu behalten.

Danksagung

Am Ende von Vorworten stehen üblicherweise Danksagungen. Manchmal erinnern sie von der Ausführlichkeit her an die Genesis und von der Peinlichkeit her an Dan Quayle.

Ich möchte nur einen einzigen Dank sagen. Der aber ist so drängend berechtigt, daß er fast einklagbar wäre. Er gilt meinem Freund und Mitarbeiter Franz Grill.

Seine Funktion allgemein zu beschreiben ist nicht einfach. Ich selbst und meine Umgebung geben ihm verschiedenste Bezeichnungen. Meine rechte und linke Hand, meine cerebrale Krücke, mein Großhirn etc..

Seine Bedeutung speziell für dieses Buch zu beschreiben ist dagegen einfach. Ohne mich wäre dieses Buch vielleicht nicht entstanden. Ohne ihn aber ganz sicher nicht.

Inhaltsverzeichnis

1 Leitfaden für den Leser

Auch wenn Sie einen dichtgedrängten Terminkalender haben, soll Ihnen dieses Buch Nutzen bringen. Ich nenne deshalb an dieser Stelle jene Kapitel, in denen ich einen unmittelbaren Nutzen für Ihre Gruppe – Anwender, Prüfer bzw. Controller oder Produzent von Software – vermute. Die Kapitelangaben sind innerhalb der Gruppen jeweils nach ihrer Wichtigkeit geordnet.

1.1 Für den Anwender

- *Begriffe* ab Seite 13.
- *Botschaften für den Leser* ab Seite 135.
- *Botschaften an den Anwender* ab Seite 136.
- *Der Tester* ab Seite 21.
- *Black Box-Test* auf Seite 41.
- *Fehler* ab Seite 29.
- Die Testmethoden *Domain*, *Transaction Flow* und *Eingabe* auf den Seiten 80ff., 87ff. und 93ff.
- Die Teststrategie *Backbone* auf Seite 117.

1.2 Für den Prüfer/Controller

- *Begriffe* ab Seite 13.
- *Botschaften für den Leser* ab Seite 135.
- *Botschaften für den Prüfer/Controller* ab Seite 137.
- *Black Box-Test* auf Seite 41.
- *Fehler* ab Seite 29.
- Die Testmethoden *Domain*, *Transaction Flow* und *Eingabe* auf den Seiten 80ff., 87ff. und 93ff.
- Die Teststrategie *Backbone* ab Seite 117.
- Die *Testplanung* ab Seite 118.
- *Testen / Traum und Wirklichkeit* ab Seite 131.

1.3 Für den Softwareproduzenten

- *Begriffe* ab Seite 13.
- *Botschaften für den Leser* ab Seite 135.
- *Botschaften für den Softwareentwickler* auf Seite 138.
- *Wertanalyse* ab Seite 11.
- *Der Tester* ab Seite 21.
- *Fehler* ab Seite 29.
- *White Box-Test* auf Seite 40.
- Die *Methoden des Testens* ab Seite 43.
- Die *Integrationsstrategien* ab Seite 113.
- Die *Testplanung* ab Seite 118.
- *Testen / Traum und Wirklichkeit* ab Seite 131.
- Der *Einsatz von Testtools* ab Seite 127.

2 Credo (dennoch geruchlos)

Vor einigen Jahren war ich Mitglied eines Kammergremiums von Softwareexperten. Aufgabe des Gremiums war es, ein Gütesiegel für Softwareprodukte zu schaffen. Wer dieses staatliche Gütesiegel erhalten wollte, mußte sich bei Produktion und Verkauf seiner Software bestimmten Regeln unterwerfen.

Ich beschäftigte mich in dieser Gruppe vorwiegend mit den Themen Test und Testdokumentation. Zwar wurde dem Bereich Test nicht soviel Platz eingeräumt, wie ich mir das gewünscht hätte, das Gütesiegel umfaßte aber alles Notwendige. Mit Fug und Recht konnte man erwarten, daß ein nach diesen Regeln hergestelltes Produkt beim Anwender und Prüfer nur Wohlgefallen erregt hätte.

Qualität entsteht durch Testkultur

Bei Begutachtung des fertigen Gütesiegels – schön gedruckt, mit professionellem Layout und Bundeswappen versehen – wurde mir erst klar, daß von den etwa 23 Punkten (Testen war Punkt 21) fast alle sich zwangsläufig aus den Erfordernissen des Testens ergeben hätten oder – respektlos gesagt – Abfallprodukte einer Testkultur wären. Respektvoller formuliert: ohne die vorhergehenden Punkte zu befolgen, wäre sinnvolles Testen gar nicht möglich.

Der Programmierer – als Tester ungeeignet

Nach unserem Verständnis stellt Testen die Hypothese auf, daß jedes Softwareprodukt zwangsläufig mit Fehlern behaftet ist. Die Verifikation der Hypothese – das heißt der Erfolg – besteht darin, Fehler zu finden. Beim Testen längere Zeit keinen Fehler zu finden, ist ein Mißerfolg für den Tester.

Den Programmierer sein Programm selber testen zu lassen, heißt den Bock zum Gärtner machen. Es liegt in der Natur der Sache, daß der Programmierer sein „Kind" im besten Licht erscheinen lassen will. Seine Tests werden immer zeigen, daß das Programm ganz genau das tut, was von ihm erwartet wird.

Erschwerend kommt noch dazu, daß der Programmierer selber Fehler, die er aus Unverständnis ins Programm einbrachte, nicht allein deshalb wieder entfernen kann, weil er zum Tester befördert wurde. Das Sprichwort „wem Gott ein Amt gibt, dem gibt er auch Verstand" gilt hier ausnahmsweise nicht.

Es ist unter allen Umständen zu vermeiden, den Tester in die Gruppe der Programmierer zu integrieren. Er muß ihr aber dennoch kommunikativ nahe bleiben. Achten Sie im Zweifelsfall lieber auf Distanz.

Aufgabe eines Testers ist es, ohne Rücksicht auf Verluste Fehlfunktionen nachzuweisen. Er ist in der Wahl seiner Mittel nicht eingeschränkt. Die Auswirkung seiner Arbeit auf Programmierer, Programmdesigner und die Verfasser der Systemanforderungen (System Requirements) ist sehr belastend. Fraternisierung wird dazu führen, daß der Tester diese Konflikte zu Lasten der Qualität des Produktes vermeidet.

Testen bedeutet nicht **Herumprobieren**. Testen ist vielmehr ein komplexer Prozeß, der die Planung, Durchführung und Dokumentation von Testfällen sowie die Erstellung von Testberichten beinhaltet. Die Wiederholbarkeit, auf die im Kapitel 8 *Fehler* ab Seite 29 hingewiesen wird, muß durch diesen Prozeß gewährleistet sein.

Test frühzeitig konzipieren

Das Testen wird nicht erst am Ende der Software-Produktion konzipiert. Es ist ein integrierender Bestandteil des Produktionsprozesses. Der professionell arbeitende Softwareproduzent zieht bereits bei der Erstellung der Systemanforderungen (Requirements) den Tester hinzu.

Dem Prüfer/Controller und dem Anwender sind begleitende Tests nicht vergönnt. Er kann nur das fertige Produkt, d.h. nachträglich, testen. Jedoch kann er – und das ist eine dringende Empfehlung – den Softwareproduzenten dazu veranlassen, seine Testplanung offenzulegen. Wenn der Softwareproduzent den Test nicht als natürlichen Bestandteil der Produktion gesehen hat, dann ist Vorsicht geboten.

3 Historie

Naturgemäß gab und gibt es große Unterschiede zwischen der Testkultur von technischer, militärischer und kaufmännischer Software.

Software für das Militär der USA wird intensiv und professionell getestet. Vor allem werden in diesem Bereich „White Box-Tests" (auf Ebene des Programmcodes) angewandt. Ein Blick in die Programmierrichtlinien des amerikanischen Verteidigungsministeriums bestätigt das.

Technische Software ist wegen der unmittelbaren Auswirkung einer Fehlfunktion sehr häufig einem strukturierten Testverfahren unterworfen (z.B. Flugsicherungssysteme und medizinische Systeme). Deren Komplexität aber ist im Regelfall geringer als jene kaufmännischer Software.

Es scheint so, als ob die große Anzahl von Parametern (Variablen), die einen flächendeckenden Test schon beim ersten Hinsehen als unmöglich erkennen läßt, die kaufmännischen Softwareersteller völlig entmutigt hat. Bei der meist kleineren Anzahl der Variablen der technischen Software haben die Softwareproduzenten offenbar eher Licht am Ende des Tunnels gesehen.

Von der Warte des Testens aus bleibt die kaufmännische Software Stiefkind. In den vergangenen 15 bis 20 Jahren – weiter zurück ist ein sinnvoller Vergleich bei der Softwareproduktion nicht möglich – stellte sich der übliche Produktionsverlauf für kaufmännische Software wie folgt dar:

- Ein Sachbereichsmanager (vornehmlich ein solcher, der große Datenmengen zu behandeln hatte) begehrte Unterstützung vom EDV-Leiter. Diese „Guru"-ähnliche Eminenz entschied dann, ob die Anforderung in der Warteschlange hinten oder vorne eingereiht wurde. Dann begannen informelle und unstrukturierte Gespräche zwischen einem Mitarbeiter der EDV-Abteilung und der Fachabteilung.

- Wenn der Mitarbeiter der EDV-Abteilung – nennen wir ihn Programmierer, Organisator oder Analytiker – das Gefühl hatte, genug zu wissen, zog er sich ins stille Kämmerlein zurück. Dort begann er mit dem Dateientwurf (Design). In seltenen Fällen gab es auch Listoutputs (Entwürfe der Druckausgaben), die in noch selteneren Fällen mit der Fachabteilung besprochen wurden.
- Nachdem genügend Code erzeugt war, wurde – da der Termin meist um ein Vielfaches überzogen war – das Programm in die Maschine geprügelt. Wenn es dann nach vielen Programmabstürzen, Nachtschichten und Anwenderfrustrationen endlich eine fehlerfrei verarbeitete Transaktion gab, wurde das Projekt als erfolgreich abgehakt.

Der Anwender als unfreiwilliger Tester

Es blieb dem Anwender überlassen, sich im Programm wie in einem Minenfeld zu bewegen. Das heißt: er konnte nur jene Transaktionen in jener ganz spezifischen Konstellation von Parametern durchführen, von denen er wußte, daß sie funktionierten. Andere der möglichen Kombinationen zu verwenden oder auch nur unvorsichtige Feldeingaben bedeuteten „Searching for Troubles".

Fehlerkorrekturen unter Zeitdruck im Echtbetrieb

Programmfehler, die, wie wir wissen, als Selbstverständlichkeit zu erwarten sind, mußten vom Anwender entdeckt werden. Wenn er sie erkannte – und das war oft erst nach größeren Ungereimtheiten im Echtbetrieb der Fall – wurde die EDV-Abteilung zur ad hoc-Ausbesserung vergattert. Es erfolgte dann eine Programmkorrektur, deren Erfolg von folgenden Parametern abhing:

- Gab es den Programmierer überhaupt noch in der Firma?
- Wieviel Zeit war der Programmierer bereit, in die Korrektur zu investieren?
- Wie gut ausgebildet war der Programmierer?
- Wie gut kannte er das ganze System, d.h. auch alle übrigen Programme, die durch seine Ausbesserung beeinflußt wurden?
- Wie gut war die Dokumentation (sofern es eine solche überhaupt gab)?

Häufig mangelhafte Dokumentation

Es war durchaus üblich, daß diese Schnellschuß-Korrekturen mehr zerstörten, als sie verbesserten. Eine ordnungsgemäße Programmdokumentation, die das Risiko tragbar gemacht hätte, gab es in den seltensten Fällen.

Was waren die Gründe für dieses doch recht düstere Bild?

Bestimmt waren die Möglichkeiten der EDV und die Komplexität von Programmen eine neue und überraschende Dimension für den menschlichen Verstand. Vernetztes Denken war und ist ja nicht gerade die Spezialität des „Homo sapiens".

Unterschätzte Abhängigkeit

Unterschätzt wurde auch die Computerabhängigkeit, in die sich die Unternehmen begeben hatten. Es mußte praktisch um jeden Preis fortgeschritten werden.

Dieses „in die Abhängigkeit taumeln", wie es gestern geschah und oft auch heute noch geschieht, ist eine weitverbreitete Schwäche des Managements. Der EDV-Guru und die unangemessene Dominanz vieler Programmierer ist nur eine der unangenehmen Folgen.

Probleme durch fehlende Tools

Werkzeuge zur Bewältigung der administrativen und kontrollierenden Aufgaben waren damals nicht verfügbar. Softwaretools zur automatischen Referenzierung von Feldern und Dateien, mächtige Programmeditoren, Codegeneratoren, List- und Bildschirmgeneratoren usw. sind heute für jedermann und auf fast allen EDV-Systemen preisgünstig einsetzbar. Damals gab es höchstens im militärischen Bereich Ansätze zu solchen Werkzeugen.

Diese Mängel führten schon bei kleinen Anwendungen zu den erwähnten Problemen und Frustrationen. Erst recht natürlich bei komplexeren Anwendungen. Besser wurde es erst durch Projektmanagement und Softwareengineering.

- Kennzeichen dieser Phase des Fortschrittes in der Softwareentwicklung war die strikte Trennung von:
  - Erheben der Anforderungen,
  - Design,
  - Programmierung und
  - Test
- Darüber hinaus wurde versucht, das Projekt mit Hilfe von Zeitplänen und Budgetsegmentierung in den Griff zu bekommen.
- Nach Abschluß der einzelnen Phasen wurde der Projektfortschritt kontrolliert, etwaige Abweichungen analysiert und die Entscheidung über die Fortführung getroffen.
- Tests wurden als quasi Echtläufe nach Abschluß des gesamten Projektes verstanden.

Die Kosten verspäteter Fehlerentdeckung

Leider deckt sich diese Methode nicht mit der ökonomischen Entdeckungskurve von Fehlern. Ein Fehler, entdeckt nach Abschluß der Programmierung, kostet etwa 100 bis 300 mal mehr in der Behebung als die Entdeckung desselben Fehlers in der Anforderungserhebungsphase.

Geschätzte 50% der gesamten Projektzeit werden zur Fehlerbehebung benötigt. Das verleitet einige Spaßvögel zur Frage: *Wenn 50% der Zeit eines EDV Projektes in die Fehlerbehebung gehen, dann müssen die anderen 50% dazu verwendet worden sein, um die Fehler ins System hineinzubringen. Wozu dann das Ganze?*

Je länger ein Fehler während der Entwicklung im Produkt verborgen bleibt, desto teurer ist seine Behebung. Nachstehende Abbildung zeigt die Relation zwischen den Kosten eines Fehlers und dem Zeitpunkt seiner Entdeckung.

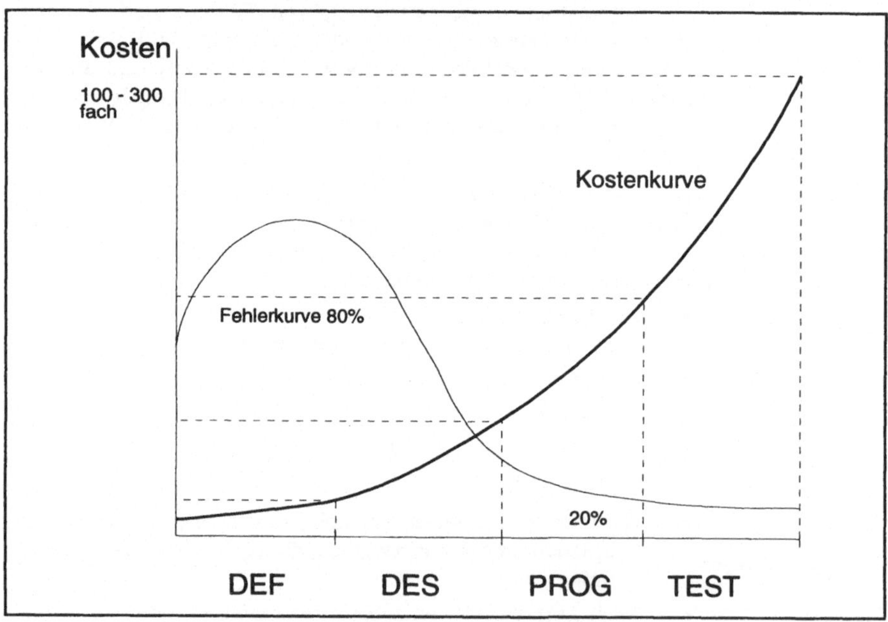

Abb. 1: *Die Kosten der Qualität.*
Legende: DEF = Definitionsphase, DES = Designphase, PROG = Programmierung, TEST = Testphase.

Entpuppt sich im Test ein Fehler als ein Requirement- oder Designfehler (Entwurfsfehler), dann muß er auch dort berichtigt werden. Nur im Programmcode die Korrektur durchzuführen, ist zuwenig. Ein amerikanisches Unternehmen, das ein Softwareprodukt mit 2 Millionen Codezeilen entwickelt hatte, kam in größte Schwierigkeiten, als das Programmdesign vom 80286er-Prozessor auf den 80386er-Prozessor umgestellt werden mußte. Wie soll ein so grundlegender Umstellungsprozeß durchgeführt werden, wenn sich die Programmfunktionen nicht im Design und den Requirements widerspiegeln?

Zusätzlich bedeutet die späte Entdeckung des Fehlers auch einen Zeitdruck für dessen Behebung.

Quality Assurance und Prototyping

Es setzen sich heute zwei Methoden der Qualitätsverbesserung durch. Einerseits die Methode der Quality Assurance und andererseits die Methode der Prototypisierung.

Beiden Methoden ist die permanente Kontrolle des Projektes mit Hilfe ausgereifter Testmethoden gemeinsam. Bei der Prototypmethode wird versucht, neben der Frage „Erzeuge ich das Produkt richtig?“ auch die Frage „Erzeuge ich das richtige Produkt?“ zu beantworten.

Einig sind sich beide Methoden in den wesentlich Faktoren:

- Test und Softwareentwicklung sind zwei Seiten einer Medaille. Sie beginnen gleichzeitig, arbeiten dann parallel, wobei die Testseite ein wesentliches Kontrollinstrument für das Projekt ist.
- Sie messen die Funktionserfüllung. Auch die Erfüllung so schwammiger Wünsche wie „Anwenderfreundlichkeit“, „Flexibilität“, „Selbsterklärend“ usw. wird gemessen.
- Neben der Fehlererkennung an sich ist auch der möglichst frühe Zeitpunkt der Fehlererkennung das Anliegen der modernen Methoden. Die Fehler sollen möglichst früh und möglichst dicht am Ort ihrer Geburt gefunden werden. Nicht erst dann, wenn man nur aus ihren bösen Auswirkungen detektivisch Rückschlüsse ziehen muß.

Der wesentliche Unterschied der beiden Methoden liegt in ihrer Nähe zum Anwender. Die Prototyp-Methode hat durch das permanente Feedback der Endanwender viel eher die Chance, nicht nur das Produkt richtig, sondern auch das richtige Produkt zu erstellen.

Nicht vergessen darf man aber die Schwäche dieser Methode. Der permanente Kontakt mit dem Endanwender ist einer ruhigen Entwicklungsarbeit nicht gerade förderlich. Alle Kreativität und alle neuen Ideen der Endanwender fließen als permanenter Störstrom in die Entwicklergruppe. Hier den Mittelweg zwischen flexiblem Eingehen auf den Anwenderwunsch und stures Abblocken zu finden, ist nicht einfach. Nur ein Projektleiter mit viel Erfahrung und charakterlicher Stabilität wird diese Aufgabe bewältigen.

Japanische Methoden

Japanische Softwarehersteller weichen von den Test- und Qualitätssicherungsmethoden westlicher Prägung etwas ab. Es ist dort üblich, die Qualitätskontrolle und Testarbeit innerhalb der Entwicklergruppe, ja sogar innerhalb eines Teams oder in der Verantwortung eines einzelnen Programmierers zu belassen. Etwas, das wir kurz vorher als Todsünde bezeichnet haben.

Dort aber funktioniert die Methode dank eines Mentalitätsunterschieds. Während die westliche Gesellschaft auf die fruchtbaren Ergebnisse ausgetragener Konflikte hofft – erkennbar in den Systemen Staatsanwalt – Strafverteidiger und Dienstgeber – Gewerkschaft, setzt die östliche Denkweise auch auf ganzheitliche Betrachtung. Jeder einzelne ist für seine Arbeit umfassend verantwortlich. Dadurch stellen sich viele der Probleme, die wir durch straffe Organisation und ausgefeilte arbeitsteilige Methoden zu bewältigen suchen, gar nicht.

4 Wertanalyse / Parallelen sind kein Zufall

Wertanalyse ist ein Satz von Methoden zur Optimierung eines Produktes. Im Grunde verwendet die Wertanalyse Common Sense als Basis der Technik. Sie setzt auf grenzüberschreitende Betrachtung eines Problems – ist daher absolut systembezogen. Sie erreicht das durch Hinwendung zu den menschlichen Faktoren wie Kooperationsbereitschaft, positives Durchbrechen gesellschaftlicher Strukturen, Abbau von Ängsten und Schaffen einer positiven Gesamteinstellung der Gruppe. Die Problemlösungsgruppe setzt sich aus Vertretern verschiedener Fachbereiche zusammen. Genau jener Fachbereiche, deren gemeinsames Know-How zur umfassenden Problemlösung nötig ist.

Beim Testen wird die Parallele besonders bei der Integration des Anwenders in die Entwicklergruppe, bei Walk Throughs und bei der Kooperation zwischen EDV-Spezialist und Fachbereichsspezialist im Black Box-Test deutlich.

Josef Weizenbaum

Zu diesem Thema will ich Josef Weizenbaum sinngemäß zitieren: *Informatiker – wie auch Mathematiker – haben es mit einer künstlichen Welt zu tun. Sie brauchen sich daher nicht mit Unsicherheiten im selben Ausmaß herumzuschlagen wie Geisteswissenschaftler. Dies führt manchmal zu Arroganz und Hochmut, zu der jedoch nicht der geringste Anlaß besteht.*

Ich habe immer wieder an den Mut derjenigen appelliert, die Lehrer und Forscher auf dem Gebiet der Informatik sind. Damit meine ich vor allem den Mut, der obengenannten Versuchung zu widerstehen. Es erfordert meines Erachtens ziemlichen Mut, das Thema „Menschliches Problem" im Oberseminar eines Fachbereichs Informatik in den Vordergrund zu stellen; in einer technologisch gestimmten Umgebung menschliche Unzulänglichkeiten und Barrieren als wesentlichen Grund für die bekannten Schwierigkeiten auf dem Gebiet der Softwareentwicklung herauszustellen läuft der Gruppenstimmung derart zuwider, daß sogar mit emotionalen Abwehrreaktionen gerechnet werden muß. (Ende Zitat)

Meiner eigenen Erfahrung nach sind die zitierten „menschlichen Probleme“ weit häufiger die Ursache fehlgeschlagener Projekte als technische Fehlleistungen. Auch von Kollegen höre ich ähnliche Erfahrungen. Dennoch wird dieser Tatsache von Lehre und Praxis keine gebührende Aufmerksamkeit geschenkt. Ich versuche, das Thema so zu entschärfen, indem ich auf die emotionale Eignung der Projektteilnehmer achte. Aber auch dafür – oder gerade dafür – sollte man ausgebildet sein. Es gibt heutzutage glücklicherweise genügend Seminarangebote zu derartigen Themen.

5 Begriffe

5.1 System

Der Begriff „System“ wird im allgemeinen Sprachgebrauch, aber auch im EDV-Fach, in unterschiedlichsten Zusammenhängen verwendet. Ein *System* ist ein Wechselbalg: Je nachdem, von welcher Warte aus man es betrachtet, wird es zum dominierenden Betrachtungsobjekt oder zum unbedeutenden Teil. Eine negative Abgrenzung ist tauglich:

Wenn alle Elemente gemeinsam betrachtet dem Objekt keinen anderen Charakter verleihen als die Betrachtung des einzelnen Elementes, dann handelt es sich nicht *um ein System.*

Beispiel: Ein System aus Sand

Ein kleiner Sandhaufen von 200 Sandkörnern ist kein System, obwohl er aus etlichen Einzelteilen besteht. Wenn es jedoch viele Sandkörner sind, die man zu einer Sandburg zusammengefügt hat, dann ist es bereits ein System.

Entschließt man sich, die Sandburg näher zu betrachten, so findet man in den einzelnen Türmen, im Wassergraben usw. Teilsysteme, die je nach Betrachtungsstandpunkt zum alleinigen Interesse oder nur zu einem Teilinteresse eines Betrachters werden können.

Unsere Sandburg ist ein einfaches System. Ihre Einzelteile beeinflussen sich untereinander kaum. Wenn sich die Einzelteile gegenseitig zu beeinflussen beginnen (wir leiten beispielsweise Wasser durch die Sandburg) und wir dann noch die in der Sandburg spielenden Kinder dem System beifügen, kommen wir zu einem komplexen System.

Kaufmännische Software ist immer ein hochkomplexes System – vergleichbar mit einem „Sandburgpark“, in dem Horden von Kindern spielen, die alle untereinander gut bekannt sind, so daß Beutezüge einer Sandburgbesatzung Auswirkungen auf die soziale Kommunikation der Eltern und erwachsenen Verwandten haben.

Als Tester eines Softwareproduktes müssen sie bereits in der Entwicklungsphase beteiligt sein (sonst wird der Sandburgpark ein Schlachtfeld).

Beim Modultest (ein Modul ist eine programmierte Funktion wie zum Beispiel die Mehrwertsteuerberechnung) besteht das interessierende System aus dem Programmteil, der die Berechnung durchführt. Beim Systemtest, das ist der Test über die gesamte Anwendung wie zum Beispiel ein Buchhaltungspaket, besteht das System aus der Summe aller Funktionen.

Da es sich in beiden Fällen um ein System handelt, wie groß es auch immer sein mag, können verwandte Testmethoden angewendet werden. Um welche Testmethoden es sich dabei handeln kann, ist unter anderem der Inhalt dieses Buches.

5.2 Qualität

Im Brockhaus-Lexikon wird „Qualität“ wie folgt definiert:

Eigenschaft, Beschaffenheit, Güte, Wertstufe. Die Beschaffenheit einer Ware nach ihren Unterscheidungsmerkmalen gegenüber anderen Waren im Bezug auf ihre Fähigkeit, Nutzen zu stiften. Der Begriff Qualität wird sowohl objektiv auf meßbare Eigenschaften (z.B. Reinheit chemischer Erzeugnisse) als auch subjektiv angewendet, wenn er die Abstufung des Eignungswertes gleichartiger Güter für die Befriedigung bestimmter Bedürfnisse ausdrückt.

Qualität wird in diesem Buch als „Eignung für den bestimmten Zweck“ bezeichnet. Das Ziel, der Anwender und die Anwendung sind die bestimmenden Faktoren.

Qualität
- objektiv
- subjektiv

Nach zwei Merkmalen wollen wir Qualität einteilen:

- einerseits in jenen Bereich, der objektiv meßbar ist (z.B. der gesetzlichen Vorschrift der Ordnungsmäßigkeit wird entsprochen),
- andererseits in die Qualitätsmerkmale, die subjektiv beurteilt werden (Anwenderfreundlichkeit, Effizienz, ...).

Wir brauchen für jedes der Qualitätsmerkmale einen Maßstab. Je nach Zielsetzung wird mehr Gewicht auf das eine oder auf das andere Merkmal gelegt. Leichter zu messen ist meist das objektive Merkmal. Es ist da oder glänzt durch Abwesenheit. Das subjektive Merkmal ist meist die Crux des Projektes.

5.3 Systemrequirements

Systemrequirements, wörtlich übersetzt, sind Systemanforderungen im Sinne von „die Wünsche, die das fertige Produkt befriedigen muß". Mit diesem *terminus technicus* werden alle – aber auch wirklich alle – Anforderungen bezeichnet, denen das fertige Produkt genügen soll. Diese Anforderungen sind exakt zu definieren:

- *was* soll erfüllt werden, und
- *wie* soll es erfüllt werden?

Systemrequirements als unverzichtbare Voraussetzung

Als Regelfall kann man bei mißglückten EDV-Projekten und bei mißlungenen Versuchen, zugekaufte Programme einzusetzen, davon ausgehen, daß die Systemrequirements nicht erhoben wurden.

Das ist aber keineswegs überraschend. Die Aufstellung der Systemrequirements legt unbarmherzig bloß, wie genau ein Anwender überhaupt weiß, was er will. Häufig ist festzustellen, daß funktionierende Arbeitsabläufe quasi aus Gewohnheit ablaufen, ohne daß die beteiligten Personen genau wissen, wie und warum.

In Systemrequirements wird für jeden nachvollziehbar festgelegt, was eigentlich gewünscht wird. Damit wird aber auch unwiderlegbar fixiert, wer dafür die Verantwortung trägt, wenn der erfüllte Wunsch sich als Bürde erweist. Wenn die realisierten Ideen die Arbeit nicht erleichtern, sondern erschweren.

Systemrequirements können mit den Gesprächen verglichen werden, die ein Bauherr mit seinem Architekten führt. Nur wenn dem Architekten bekanntgegeben wurde, daß an den nachträglichen Einbau einer Sauna gedacht wird, kann er die entsprechenden Installationen vorsehen.

In diesem Zusammenhang will ich auf den stets von beiden beteiligten Seiten erhobenen Vorwurf eingehen, der jeweils andere hätte an solche Requirements denken müssen:

Der Anwender und nur der Anwender weiß als mündiger Mensch, was er will. Der Architekt (EDV-Fachmann) weiß, was möglich ist.

Hinter der mangelhaften Detaillierung der Requirements durch den Anwender steckt meist Unklarheit über die eigenen Ziele. Die Mühe, seine Wünsche zu konkretisieren und dabei Zielkonflikte nicht länger zu verdrängen, wird gerne vermieden. Es steckt auch oft – speziell in größeren Organisationen – die Angst dahinter, Verantwortung zu übernehmen. Taktieren bringt aber letztlich nichts.

Die Auswirkung einer unvollständigen Systemanforderung (Systemrequirements) ist verheerend und nicht behebbar. Es bleiben hier nur Verlierer übrig.

klar und einfach ausdrücken

Systemanforderungen haben viel mit Mathematik und wenig mit Literatur zu tun. Wo immer es möglich ist, sollen sie in Tabellen bzw. Grafiken ausgedrückt werden. Dort, wo die sprachliche Formulierung nötig ist, müssen es kurze, eindeutige Aussagen sein. Sie müssen konkret sein.

Wer Probleme mit der Umsetzung hat, möge sich in die Zeit der Grundschule und der ersten Aufsätze zurückversetzen. Formulierungen etwa dieser Qualität: „Am Sonntag gehen wir in den Wald. Papa und Mama gehen mit. Wir werden Fußball spielen...“ sind für Systemanforderungen gerade richtig.

Diese Formulierungen mögen vielleicht nicht ausreichend spezifisch sein. Zum Beispiel könnte es wesentlich sein, ob mit einem Plastik- oder Lederfußball gespielt werden soll. Jedenfalls aber sind sie eindeutig.

Daher die zwei Grundregeln für die Systemanforderungen:

- Sie müssen eindeutig und ausreichend detailliert sein.
- Der Begriff „ausreichend“ meint hier: ausreichend für den speziellen Zweck (Ziel, Wunsch), der erreicht werden soll. Diesen Zweck *kann* nur der Anwender definieren, so wie man auch die Frage, ob die Schuhe zu eng sind, besser selber beantwortet und nicht dem Schuhverkäufer überläßt.

5.4 Design

Ich bleibe weiterhin beim Vergleich zwischen dem Bau eines Hauses und dem Erstellen von Software. Nach den Gesprächen, bei denen die Wünsche des Bauherren festgehalten wurden, entwirft der Architekt einen Plan. Dieser Plan entspricht dem ersten Teil des sogenannten Designs von Software.

Er umfaßt in dieser ersten Phase die Position des Hauses und der Zimmer. Er legt die Verkehrswege und die Funktion der Räume fest.

Bei einem Softwareprodukt entspricht dies dem Systemüberblick bezogen auf die Dateien und die Interaktion zwischen den Dateien. Die Grobbeschreibung der Funktionen (wie die Anforderungen im System technisch gelöst werden) erfolgt hier.

High Level
Low Level

Je nach Umfang eines Softwareproduktes wird in der Praxis zwischen „High Level-Design" und „Low Level-Design" unterschieden. Hier verstehen wir unter High Level-Design das problem- oder fachspezifische Design und unter Low Level-Design die Umsetzung des High Level-Design auf die EDV-technische Ebene.

Der Design-Prozeß – an Hand eines Buchhaltungsprogrammes erläutert – sieht so aus:

In den Systemrequirements des Rechnungswesenpaketes wird die Forderung nach einer gesonderten Überwachung der Kundenforderungen erhoben. Es wird also eine Verwaltung der Offenen Posten gefordert.

Alternativen des Designs

Im Design steht der Analytiker vor zwei Möglichkeiten, diese Anforderung zu realisieren. Einerseits kann er jede Buchung in einen großen Topf einfließen lassen und sich hieraus, wenn die offenen Posten abgefragt werden, jene Buchungen herauslesen, die zur Darstellung der Kundensaldos nötig sind. Oder er legt einen zweiten, naturgemäß kleineren Topf an. Dieser Topf enthält von allen offenen Posten einen Duplikat-Satz.

Vorteil der Verwendung eines zweiten Topfes ist die schnellere Suche, die aufgrund seines geringeren Umfangs möglich ist. Andererseits muß immer ein gewisser Aufwand dafür getrieben werden, damit die beiden Töpfe inhaltlich nicht voneinander abweichen.

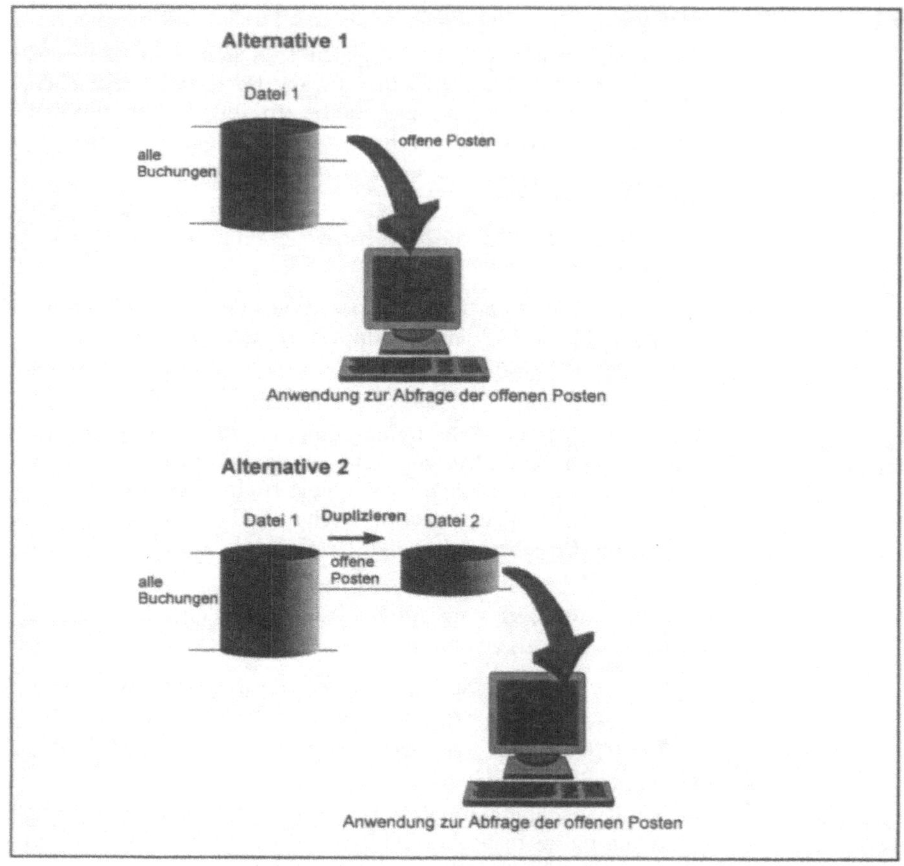

Abb. 2: Schematische Darstellung der Design-Alternativen.

Die Entscheidung des Designers läßt sich – unabhängig davon, wie er sie trifft – auf die Systemanforderung „Überwachung der Kundenforderungen“ zurückführen.

Welche der beiden sich gegenüberstehenden Möglichkeiten die richtige ist, entscheidet sich nach EDV-spezifischen Kriterien.

Das Design, das die Umsetzung der Requirements in EDV-technische Abläufe darstellt, ist die Ausgangsbasis für das Erstellen des Programmcodes.

Bei komplexen Problemen kann das Design selbstverständlich noch unterteilt werden, beispielsweise in Grob- und Feindesign oder in High Level-Design und Low Level-Design. Dies würde der Unterscheidung zwischen dem Einreichplan und Detailplan beim Architekten entsprechen.

5.5 Dokumentationen

Neben den bisher angesprochenen Teilen der Dokumentation wie Systemrequirements und Design sind auch noch andere erforderlich.

Folgendes kann als minimale Dokumentation betrachtet werden:

- die **Systemanforderungen** (auch Pflichtenheft, Requirements, Systemrequirements...).

  Von der Warte des Testers aus der wichtigste Teil. Sie sind der Maßstab, an dem das Resultat des Programmes und alle Programmfunktionen als korrekt oder inkorrekt beurteilt werden.

- der **Systemüberblick.**

  Er gibt dem Anwender einen Trockenkurs über das Programmsystem. Wenn es ein sogenanntes Tutorial gibt, dann ist der Schritt vom Trockenkurs zum Schwimmen an der Leine getan. Jedenfalls handelt es sich beim Systemüberblick schon um eine (hoffentlich grafische) Darstellung der Funktionen des Systems.

- die **Bedienerdokumentation**.

  Sie sagt dem Anwender, der vor dem Computer sitzt, was er als nächstes zu tun hat. Eine gute Bedienerdokumentation ahnt voraus, wo die Intuition des vor dem Computer sitzenden Anwenders nicht mehr ausreicht, um die richtige Eingabe zu tätigen. Sie soll aufgabenorientiert sein. Sie gibt ihm leicht auffindbare eindeutige Hilfestellung. „State of Art" ist die sogenannte Online-Bedienerhilfe – die Dokumentation über Bildschirm. Sie wird durch Programmunterbrechung während der laufenden Arbeit aufgerufen. Die Online-Bedienerhilfe – selbst wieder ein Programm – weiß, an welcher Stelle unterbrochen wurde, und gibt Auskünfte zu eben diesem Bereich.

- die **Testdokumentation**.

  Sie belegt den systematischen Testablauf und das Funktionieren des gesamten Systems. Was eine solche Dokumentation umfassen soll, ist in den entsprechenden Kapiteln dieses Buches erläutert. Gebräuchlich ist die Aufstellung einer Testdokumentation nach unserer Erfahrung leider nur bei wenigen Unternehmen.

- die **technische Dokumentation**.

  Sie soll einem EDV-Fachmann den Durchblick im Programm auf eine Weise ermöglichen, daß er bei Eingriffen alle Auswirkungen auf das ganze System abschätzen kann.

Es ist durchaus gebräuchlich und korrekt, die Aufgaben der einzelnen Dokumentationsarten zusammenzufassen oder weiter aufzufächern. Wesentlich ist, daß der Sinn der Dokumentationsarten erhalten bleibt.

5.6 Standards

Standards machen alle Dokumentationen und Arbeitsabläufe erst testbar. Sie legen fest, welche Mindestanforderungen – aus formaler und inhaltlicher Sicht – Systemrequirements, Design, Anwenderbeschreibung und Testdokumentation erfüllen müssen.

Der Test umfaßt auch das Überprüfen, ob diese Standards eingehalten wurden. Es liegt daher auch ein Fehler vor, wenn gegen die Standards verstoßen wird. Siehe auch Kapitel 8 *Fehler / Definition* auf Seite 29.

Standards sind nur so nützlich wie ihre Überwachung. Werden des öfteren Abweichungen vom Standard festgestellt, sind sie als Mittel zur Erleichterung des Tests untauglich. Testumfang und Testtiefe sind entsprechend anzupassen.

6 Der Tester

6.1 Charakterprofil

„Bruder Leichtfuß" ist für die Position des Testers wenig geeignet – ebenso wie das schlampige Genie. Ein guter Tester ist kleinlich. Er muß auf Listen mit einer Fülle von richtigen Zahlen die einzige falsche herausfinden können. Er muß ein Herz für Bosheiten haben. Sonst kann er aus der gezielt destruktiven Tätigkeit nicht die richtige Motivation ziehen. Damit scheiden leider auch Charaktere à la Franz von Assisi aus.

Diese Typologie ist zwar ernst, aber nicht tierisch ernst gemeint. Ohne jede Einschränkung als *conditio sine qua non* ernst genommen werden soll jedoch die Charaktereigenschaft, eine Arbeit abschließen zu wollen und nicht auf halbem Weg die Lust zu verlieren.

Eine Eigenschaft, die den vorher genannten widerspricht, aber dennoch dringend benötigt wird, ist Kreativität. Der ideale Tester verfügt über ein Höchstmaß davon.

Es wird in Fachkreisen diskutiert, ob Programmierer Künstler oder Handwerker sind. Ab der entsprechenden Qualifikation des Programmierers lassen sich für beide Thesen genügend Argumente finden.

Wenn Sie in Ihrer Umgebung jemanden haben, der auf einer Wiese unweigerlich das vierblättrige Kleeblatt findet, der beim Pilzesuchen immer mit vollem Korb nach Haus kommt (als einziger), der immer genau jene Frage stellt, auf die Sie sich nicht vorbereitet haben – heuern Sie ihn an. Geben Sie ihm die Ausbildung, die er benötigt, auch wenn sie viel Geld verschlingt. Diese Investition wird sich in wenigen Jahren amortisieren.

Das Suchen von Fehlern ist ein kreativer Prozeß, der das technische Handwerkszeug zur Voraussetzung hat. Wirklich gute Ergebnisse lassen sich nur erzielen, wenn Ihr Tester über beides verfügt.

Sie fragen sich jetzt wahrscheinlich, warum auf einmal der Begriff „Fehler suchen" statt „Testen" verwendet wird. Testen umfaßt den handwerklichen Bereich, der erst das kreative Fehlersuchen industriell verwertbar macht. Es wäre nicht möglich, einen kreativ-genialen Fehlerfinder ohne die profanen Restriktionen des Testers zu sinnvoller Arbeit zu bringen.

Damit sind auch bereits die Grenzen meiner Bewunderung für den kreativ-genialen Fehlerfinder abgesteckt.

Ansprechende Testergebnisse lassen sich auch von unkreativen Testern erreichen, wenn die Prozeduren eingehalten werden und die technischen Voraussetzungen erfüllt sind. Umgekehrt aber läuft nichts.

6.2 Know-How-Profil

Der ideale Tester vereint das Know-How mehrerer Experten in sich.

- Erstens und hauptsächlich kennt er das Fachgebiet – er ist beispielsweise Bilanzbuchhalter, falls ein Buchhaltungspaket zu testen ist (alleine diese Forderung legt dar, daß es sich nicht um einen unerfahrenen Mitarbeiter handeln darf).
- Zweitens muß er sich ausreichende Kenntnisse über das EDV-Paket angeeignet haben.
- Drittens muß er solide Kenntnisse aufweisen über die Art, wie Tests durchzuführen sind.
- Viertens soll er über EDV-Wissen allgemeiner Art verfügen. Dateien, Datensätze, Felder einer Datei, Update dürfen keine Fremdworte für ihn sein.

Fachgebiets-Kenntnisse sind unverzichtbar

Die Reihenfolge der Know-How-Anforderungen ist nicht zufällig. Sie ist nach den Möglichkeiten gestaltet, die man hat, um mit mehreren Mitarbeitern die so geforderten Kenntnisse abzudekken. Denn es ist offensichtlich, daß es den idealen Tester nach dieser Beschreibung nur in besonderen Glücksfällen gibt. Zwingende Voraussetzung jedenfalls ist solides Know-How nach Punkt 1 (Fachgebiet).

Die Kombination von Fachkenntnissen und Programmkenntnissen ist mit relativ geringem Aufwand zu erreichen. Dazu muß der fachkundige Mitarbeiter intensiv in der Anwendung des Programms geschult werden. Die profunde allgemeine EDV-Kenntnis wird man aber im Zug eines Testprozesses nicht nachholen können. Wenn sie nicht vorhanden ist, muß extern auf solches Know-How zugegriffen werden können. Der Tester hat dann zumindest per Telefon eine permanente Anlaufstelle für seine Fragen, die technischer EDV-Natur sind.

In enger Zusammenarbeit können auch der Fachbereichskundige und ein softwareerfahrener Mitarbeiter sehr gute Ergebnisse innerhalb kurzer Zeit bringen.

Die Kombination von Eins und Drei (Fachkenntnisse und Testkenntnisse) sind unbedingt in einer Person zu vereinen. Alle anderen nötigen Kenntnisse können auf die eine oder andere Art durch weitere Mitarbeiter abgedeckt werden.

6.3 Die betriebliche Position

6.3.1 Beim Softwareentwickler

Der Tester muß von der Entwicklungsmannschaft abgesondert werden. Seine Daseinsberechtigung besteht darin, nachzuweisen, daß die Softwareentwickler lange nicht so gut sind, wie sie behaupten. Die Nähe zum Entwicklerteam kann nur zur Folge haben, daß der Tester zwecks Konfliktvermeidung nicht mehr so giftig testet, wie er es sollte.

Die andere mögliche Variante, nämlich daß der Tester eine so starke Persönlichkeit ist, daß ihn der Konflikt nicht anficht, kann aus gruppendynamischen Gründen ausgeschlossen werden. Der Tester steht fast immer einer Gruppe gegenüber. Seine Tätigkeit ist nach allgemeinem Empfinden zerstörend (im Gegensatz zur schaffenden Programmiererarbeit). Er hat als integriertes Gruppenmitglied nur die Wahl zwischen Ablehnung oder Anpassung. Über kurz oder lang entscheidet er sich für die Anpassung.

Der Tester – unabhängig von Entwicklern und Vertrieb

Da die Software als Handelsware gedacht ist, belastet ihn zusätzlich der Druck der Verkaufsmannschaft. Sie muß das Produkt so rasch als möglich auf den Markt bringen. Verzögerungen durch übergenaue Tester wirken sich meist unmittelbar auf die Börse der Verkaufsmannschaft aus. Diesen Unmut geben sie gerne und gekonnt an den Tester weiter.

Der Tester muß direkt der Geschäftsleitung oder einer adäquaten Stelle beigeordnet werden. Jedenfalls einer Stelle, der klar ist, welch negative Auswirkung die Freigabe eines fehlerbehafteten Produktes für das Image und den wirtschaftlichen Zukunftserfolg des Unternehmens hat. Es muß eine Stelle sein, die für das Unternehmen aus einer höheren Sicht Verantwortung trägt.

Diese Stelle muß auch in der Lage sein, die Tester gegen Entwickler und Verkaufsmannschaft abzuschotten. Nicht in dem Sinn, daß keine Kommunikation mehr erfolgt. Aber so, daß die Kommunikation in den kontrollierten Bahnen von Projektsitzungen erfolgt, in denen der Tester durch den Projektleiter unterstützt und geschützt wird.

6.3.2 Beim Anwender

Der Tester bei einem Anwender hat die Funktion der Qualitätskontrolle, ähnlich der Prüfung bei der Warenannahme. Er muß bei Übernahme von Softwareprodukten eingesetzt werden und sollte bereits bei der Auftragserteilung an einen externen Softwarelieferanten beigezogen werden.

Bei Entscheidungen über Standardsoftware ist seine Position zusätzlich zur Qualitätsbegutachtung der fremden Softwareprodukte auch jene des Überprüfers der Vollständigkeit der eigenen Anforderungen.

mögliche Konflikte

Die Kontrolle der Vollständigkeit der eigenen Anforderungen bringt dem Tester zusätzliches Konfliktpotential. Er gerät dadurch in Gegensatz zu seinem eigenen Auftraggeber, da er auf der Spezifizierung der Ziele (nichts anderes ergibt sich aus den Anforderungen) bestehen muß. Im Regelfall sind aber die eigenen Ziele nicht detailliert genug festgehalten. Aus psychologischer Sicht mit gutem Grund. Kann man doch so Zielkonflikte viel länger verdrängen (z.B. Zieldefinition eines Beratungsunternehmens: Wir wollen von der Qualität her die Nummer 1 werden und gleichzeitig unseren Marktanteil signifikant erhöhen).

Bei individuell erstellten Programmen arbeiten je ein Delegierter des Anwenders und des Softwarehauses intensiv zusammen. Durch die enge Zusammenarbeit mit dem Softwarelieferanten tritt oft eine ungesunde Fraternisierung auf. Es soll einer Verbrüderung nicht generell eine negative Auswirkung unterstellt werden. Manchmal wirkt sich eine freundschaftliche Beziehung zum Wohl des Unternehmens aus. Es ist jedoch höchste Vorsicht angebracht, wenn es wiederholt zu Problemen mit der Software kommt, ohne daß sich das Verhältnis des Delegierten zum Softwarelieferanten verschlechtert.

Das Arms-Length Prinzip (distanziert korrekte Beziehung) ist der unkontrollierbaren Fraternisierung vorzuziehen.

6.3.3 Beim Prüfer / Controller

Im Rahmen der Prüfung soll der Tester für die Prüfergruppe Beraterstellung haben. Die Prüfergruppe – sei es nun die Jahresabschlußprüfung, die Betriebsprüfung oder die Interne Revision – muß so viel Einsicht in den Wert der Tests haben, daß sie den Tester selber anfordern. Der Tester wiederum hat dafür zu sorgen, daß seine Tests so dokumentiert sind, daß sie den Prüfern nützlich sind. Insbesonders muß er durch seine Testdokumentation die Prüfungsfeststellungen belegen.

GoB
GoD

Häufig beziehen sich Mängel auf die Ordnungsmäßigkeit, wobei hier sowohl GoB' s (Grundsätze ordnungsmäßiger Buchführung) als auch GoD' s (Grundsätze ordnungsmäßiger Datenverarbeitung) angesprochen sind. Als Beispiele nenne ich folgende Mängel:

- fehlende oder mangelhafte Dokumentation,
- unakzeptable Security-Risken (d.h. Verfügbarkeit, Korrektheit und Vertraulichkeit sind nicht gewährleistet),
- Einsatzperioden sind unbekannt,
- Versionsaufzeichnungen werden nicht geführt, nur die letzte Programmversion ist vorhanden,
- der Übergang vom Entwicklungs- oder Testbetrieb in den Echtbetrieb erfolgt unkontrolliert,
- unvereinbare Funktionen werden von einer Person abgedeckt (z.B. Entwickler und Fakturenersteller).

Es erspart viele Diskussionen, wenn der Tester in der Erhebungsphase nicht alleine arbeitet. Zum Zweck der Beweisführung sind in dieser Phase Testergruppen von zwei Personen zu bilden.

7 Die Phasen der Softwareentwicklung

In den 60er- und 70er-Jahren bestand die Softwareentwicklung aus einer Abfolge technischer Aktivitäten, die zu guter Letzt zum fertigen Programm führten. Mit dem Anstieg der Anforderungen und deren Komplexität war es notwendig, ein Projektmanagement einzuführen. Mit dem Projektmanagement wurden Managementaktivitäten wie Terminplanung und Terminkontrolle, Budgeterstellung und Budgetüberwachung eingeführt. Der Entwicklungsprozeß wurde in Phasen unterteilt (wie zum Beispiel Anforderungserhebung, Design, Programmierung, Test). Der Test setzte sehr spät ein. Daraus ergaben sich folgende Konsequenzen:

- *Erstens*: Für den Test blieb meist wenig Zeit – dementsprechend ungenügend war er. Die Folge davon: Der Anwender wurde zum unfreiwilligen Tester und damit in den meisten Fällen zum frustrierten Anwender.
- *Zweitens*: Die Behebung der Fehler wurde sehr teuer, da diese erst spät erkannt wurden und daher meist zu Änderungen des Designs oder sogar der Anforderungen führten. Dadurch ergaben sich hohe Kosten, da bis zu den Anforderungen zurück die Dokumentationen geändert werden mußten. In der Praxis wurden die Fehler nur in den Programmen behoben.

Wartbarkeit

Daß die Wartung der Programme wegen fehlender oder unaktueller Dokumentation sehr erschwert wurde, ergibt sich von selbst. Wobei wir unter dem Begriff Wartbarkeit sowohl die Änderung bestehender Funktionen als auch das Hinzufügen neuer Funktionen verstehen.

Je früher Fehler entdeckt werden, desto früher können sie behoben werden und umso billiger wird deren Behebung. Abbildung 2 zeigt die einzelnen Phasen der Softwareentwicklung, wie sie heute „State of Art" ist, und die aus den einzelnen Phasen resultierenden Ergebnisse in Form von Dokumenten oder Programmcode. Um Fehler so früh als möglich erkennen zu können, müssen nun die einzelnen Ergebnisse im Softwareentwicklungsprozeß auf Herz und Nieren geprüft (getestet) werden.

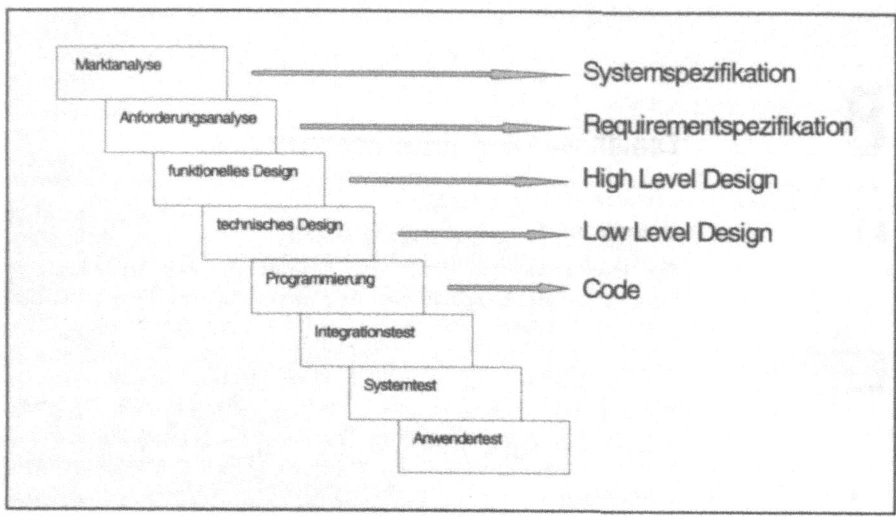

Abb. 3: *Die Phasen der Softwareentwicklung.*

Kapitel 9, 10 und 11 dieses Buches beschäftigen sich mit Testmethoden und Testtechniken. Bei Einsatz dieser Methoden und Techniken ist es möglich der Forderung nachzukommen, Fehler sehr früh zu erkennen. Es wurde ja bereits im Kapitel 3 *Historie* ab Seite 5 auf die hohen Kosten hingewiesen, die durch späte Fehlerentdeckung entstehen.

8 Fehler

8.1 Definition

Die Frage, was ein Fehler ist, könnte uns jetzt mühelos über hundert Seiten beschäftigen. Aus der Sicht des Testers ist aber nur eines wichtig:

Es muß eindeutig definiert sein, was ein Fehler ist.

Wir müssen um jeden Preis – auch um den Preis der Unzufriedenheit des Anwenders – eine eindeutige Fehlerdefinition aufstellen. Eindeutig in dem Sinn, daß die Klassifizierung als Fehler entweder durch Fakten erwiesen ist oder – wo das nicht möglich ist – eine Ex Kathedra-Entscheidung durch eine Person getroffen wird.

Trotzdem aber einige grundsätzliche Betrachtungen zum Fehlerbegriff. Im Duden-Herkunftslexikon finden wir unter „Fehler" folgende Definition:

Fehl (niederhochdeutsch) – aus dem altfranzösischem faille *entlehnt; es kommt heute selbständig nur in der Fügung „ohne Fehl", d.h. Fehler vor. Erst um 1500 erscheint* Fehler, *zunächst in der Bedeutung „Fehlschuß", seit dem 18. Jahrhundert wie heute als „Versehen" (Schreib- Rechenfehler) und „bleibender Mangel".*

Die Definition *Fehler = Fehlschuß* trifft in unserem Fall eigentlich ins „Schwarze". Fehlschuß ist gleichzusetzen mit „das Ziel verfehlen". Auf den Softwarebereich bezogen bedeutet dies, die Anforderungen nicht zu erfüllen. Die Anforderungen bestehen im wesentlichen aus dem Design, das sich aus den Requirements ableitet, und den Standards, die wir selbst uns gegeben haben.

Nun aber schnell zurück zum Thema. Fehler ist, was als Fehler vorher definiert wurde – und sonst nichts. Das bedeutet, es muß eine eindeutige Meßgröße geben. Nun beginnen aber immer Diskussionen, wenn ein Element zwar gemessen werden soll, dies aber nicht in Kilogramm, Zentimeter oder ähnlichen vertrauten Maßstäben geschehen kann.

Es wird dabei aber oft übersehen, daß die Welt voll von solchen Messungen ist, ohne daß deren Subjektivität besonders stört. Die höhere Qualität der Stimme eines internationalen Opernstars im Vergleich zur Stimme des örtlichen Stars im Gesangsverein läßt sich mit Schwingungsmessungen kaum belegen. In der Profession der Computerfachleute wird aber oft so getan, als ob nur eine solche physikalische Messung ein seriöser Maßstab wäre. In der Realität ist der unterschiedliche Marktwert der beiden Künstler eine taugliche Meßgröße. Wir kommen hier blendend ohne Physik aus.

Qualitätskriterien

Die Beurteilung der Übersichtlichkeit eines Bildschirmes ist ein ähnliches Faktum. Es kann nicht durch Zählen der Zeichen am Schirm alleine definiert werden. Hier wäre für uns ein tauglicher Maßstab die Beurteilung durch eine Testgruppe von Anwendern.

Wurde nun definiert, daß die Übersichtlichkeit des Bildschirmes in einer Skala zwischen 1 (sehr gut) bis 5 (ungenügend) von der Testgruppe mit durchschnittlich 2 bewertet werden muß, dann wäre ein Durchschnittswert von 3 als Softwarefehler zu werten.

Fehler müssen reproduzierbar sein

Aus dem Zwang geboren, die Testverfahren praktikabel zu halten, wird oft nur ein reproduzierbarer Fehler als Fehler anerkannt (zur Freude der Hardwarehersteller und Kabelproduzenten mit ihren wärmeabhängigen, strom- und magnetbeeinflußten intermittierenden Fehlern).

Selbstverständlich wird man diese nicht reproduzierbaren Fehler – sofern ihr Auftreten dokumentiert wurde – in einer Datenbank festhalten. Durch Hinweise bei öfterem Auftreten des Fehlers ergibt sich für den Programmierer oft eine Klärung der Fehlerursache. Sofort gesucht wird der Fehler jedoch nicht.

Ein Fehler aber, der weder dokumentiert wurde noch wiederholbar ist, wird vom Tester nicht einmal zur Kenntnis genommen. Diesen schmerzhaften Erziehungsprozeß muß jeder Anwender durchmachen.

8.2 Fehlertypen

Es gibt unzählige Fehler, jedoch nur eine beschränkte Anzahl von Fehlertypen. Die Fehlertypen sind – abhängig vom Projekt – so festzulegen, daß man mit einem Fehlertyp möglichst viele Fehler rasch identifizieren kann.

Beispiele für solche Fehlertypen können sein:

- Gruppenwechselproblem,
- Wertebereiche,
- falsche Feldinitialisierung,
- fehlende oder falsche Requirements,
- fehlende oder falsche Designspezifikationen,
- Nichteinhaltung der Standards,
- logischer Fehler.

Typen klassifizieren

Die Klassifizierung nach Fehlertypen verfolgt zwei Ziele:

- Einerseits soll sie dem Tester das Finden von Fehlern erleichtern. Statistiken ergeben, daß 80% der Fehler in 20% des Programmcodes gefunden werden können. Dies ist nur die statistische Erfassung der Binsenweisheit, daß mangelndes Know-How in einem bestimmten Bereich (z.B. Gruppenwechsel) zu gehäuften Fehlern in eben diesem Bereich führt.
- Ein Prüfer, der seine Zeit ökonomisch einteilt, wird daher in diesen schwachen Bereichen wühlen und bei geringem Zeitaufwand zu guter Fehlerausbeute kommen.

Das zweite Ziel ist der Gegenpol zum ersten, speziell aus der Sicht des Softwareherstellers. Es ist die Verbesserung in eben diesen Know-How-Bereichen. Der Effekt ist ein unverhältnismäßig besserer Output nach dem Motto „kleine Ursache – große Wirkung".

Da sich die Fehlertypen am Problem orientieren, können sie nicht einheitlich festgelegt werden. Folgendes Beispiel soll das verdeutlichen:

Beispiel

Bei Software für das Rechnungswesen werden üblicherweise aus Zahlen Summen gebildet, die zu Zwischensummen zusammengefaßt werden und dann noch in weiteren Stufen verdichtet zu einem Endresultat führen. Denken Sie nur an einen Bilanzausdruck oder an betriebswirtschaftliche Auswertungen.

Gruppenwechsel

Programmtechnisch wird ein solcher Vorgang als Gruppenwechsel bezeichnet. Abhängig von der verwendeten Programmiersprache bzw. den verwendeten Programmtools (z.B. Reportgeneratoren) kann ein solcher Gruppenwechsel leicht (ein einziger Befehl) oder schwierig (ein ganzes Unterprogramm) zu programmieren sein. In COBOL ist ein Gruppenwechsel eine relativ aufwendige Arbeit. Mit der Unterstützung durch einen Reportgenerator oder eine Datenbankabfragesprache dagegen stellt sich dieses Problem nicht mehr.

Zeigt nun der Test beim Gruppenwechsel eine Anhäufung von Fehlern (erkennbar aus der Fehlerartenstatistik), so wäre als nächstes die Frage zu stellen: „Wie ist das Programm geschrieben?". Werden Standards und Unterprogramme für den Gruppenwechsel verwendet, oder erfindet jeder Programmierer das Rad in genialer Art neu?

Die problemorientierte Einteilung nach Fehlerarten kann so den Test ökonomisch oder umständlich werden lassen. Je nachdem, wie sorgfältig der Tester sein Arbeitsumfeld noch vor dem eigentlichen Testbeginn ausleuchtet.

8.3 Klassifikation

Fehler sind nach ihrer Relevanz für die Anwendung zu beurteilen. Die folgende Einteilung hat sich praktisch bewährt.

Fehler Klasse 1

- *Fehlerbewertung 1:* Fehler und Probleme, die die Benutzung des Produktes unmöglich machen. Das Problem kann nicht umgangen werden.

  Beispiele:

  - Die Datenbasis wird zerstört oder enthält falsche oder unvollständige Daten.
  - Eine Funktion oder Subfunktion arbeitet nicht wie beschrieben bzw. ist nicht beschrieben.
  - Falsche Prozeduren- bzw. Rechenergebnisse.

Fehler Klasse 2

- *Fehlerbewertung 2:* Fehler und Probleme, die die Benutzung des Produktes erschweren. Das Produkt kann aber – wenn auch mit schweren Beeinträchtigungen – benutzt werden. Das Problem kann umgangen werden.

Beispiele:

- Falsche, irreführende oder fehlende Bedienernachrichten.
- Falsche, irreführende oder unvollständige Bildschirm- und Listlayouts.
- Fehlende, falsche oder unvollständige formale Feldabsicherungen (Feldprüfungen).
- Arbeitsablaufstörende Performanceprobleme.

Fehler Klasse 3

- *Fehlerbewertung 3:* Fehler und Probleme, die die Benützung des Produktes beeinträchtigen, aber nicht sonderlich erschweren.

  Beispiele:

  - Rechtschreibfehler und Schreibfehler.
  - Unlogische Cursorpositionierung.
  - Schlecht definierte Defaultwerte.
  - Unkorrekte Bedienerführung.

In den meisten Softwarentwicklungsprozessen kommt noch eine Fehlerbewertung 4 zur Anwendung. Sogenannte „Wünsche" oder „Nice to have-functions". Es sind eigentlich keine Fehler – es gibt also keine Abweichung zwischen den Vorgaben und der Realisierung – sondern Zusatzwünsche oder Verbesserungen aus der subjektiven Sicht des Testers bzw. neue gesetzliche Anforderungen.

Bewertung aus Sicht des Anwenders

Bei Zusammentreffen mehrerer ineinander verschränkter Fehler wird jeder getrennt bewertet und als eigener Fehler angeführt. Nicht aber dann, wenn die Korrektur eines Fehlers alle anderen zwangsläufig miterledigt. Für diesen Fall wird die schwerste Fehlerbewertung gewählt und nur ein einziger Fehler festgehalten. Dies wird im folgenden Beispiel erläutert. Es verdeutlicht auch, daß sich die Bewertungsskala nur am Anwender der Software ausrichtet; und zwar ohne Wenn und Aber. Das sorgt für Zündstoff während der Softwarentwicklung, denn der Programmierer kann sich dadurch ungerecht behandelt fühlen. Sehen wir uns das Ganze an Hand eines Beispieles für einen Fehler der Bewertungsklasse 1 an.

In einem Rechnungswesenpaket (Finanzbuchhaltung) gibt es im Bereich der Mahnung die Funktion „Verzugszinsenberechnung". Im Bedienerhandbuch steht nun, daß die errechneten Verzugszinsen automatisch verbucht werden. Beim Test der Mahnung wurde nun festgestellt, daß die automatische Verbuchung der

Verzugszinsen von einem Parameter im Firmenstamm abhängig ist. Ist der entsprechende Eintrag auf „J" gesetzt, so werden die Verzugszinsen automatisch verbucht, hat der Parameter den Wert „N", so erfolgt keine Verbuchung der Verzugszinsen.

Nach unseren Fehlerbewertungskriterien ist dies ein Fehler der Klasse 1 – also ein schwerer Fehler (Fehlerbewertung 1 – Beispiel Punkt 2: Eine Funktion oder Subfunktion arbeitet nicht wie beschrieben bzw. ist nicht beschrieben.). Die Korrektur des Fehlers ist aber denkbar einfach. Es ist nur eine Korrektur der Bedienungsanleitung notwendig, die auf den Einfluß des Firmenstammparameters auf die Ver- oder Nichtverbuchung der Verzugszinsen aufmerksam macht.

Fehlerklasse unabhängig vom Korrekturaufwand

Mit diesem Beispiel zeige ich auch, daß die Bedeutung des Fehlers unabhängig vom Korrekturaufwand ist. Von Programmierern wird dagegen sehr oft die Meinung vertreten, die Schwere eines Fehlers sei direkt proportional zur Fehlerbehebungszeit. Der Tester hat aber die Position des Anwenders einzunehmen; und der kümmert sich gar nicht um Ansichten eines Programmierers. Für ihn ist es ein schrecklicher Fehler. Wenn es sich um ein Standardpaket mit hoher Auflage handelt, ist es auch für die Softwarevertriebsfirma sehr unangenehm.

Nehmen wir nun weiter an, der Parameter für die Verzugszinsenverbuchung würde nur ungenügend oder vielleicht gar nicht geprüft. In diesem Falle wäre es nötig, einen zusätzlichen Fehler der Klasse 2 aufzuschreiben (Fehlerbewertung 2 – Beispiel 3: Fehlende, falsche oder unvollständige formale Feldabsicherungen). Bei strenger Auslegung ist auch eine Klassifizierung mit 1 zu vertreten (Fehlerbewertung 1 – Beispiel 1: Die Datenbasis wird zerstört oder enthält falsche oder unvollständige Daten).

Die in diesem Zusammenhang häufig angetroffene Argumentation „der Anwender muß selber aufpassen, welchen Wert er in das Feld eingibt" – ist aus vielen Gründen abzulehnen. Für uns reicht das Faktum, daß die Feldabsicherung gegen falsche Werte „State of Art" ist (siehe auch Kapitel 10.4 *Domain-Testing* auf Seite 80 und Kapitel 10.5 *Syntax-Testing* auf Seite 85).

8.4 Dokumentation

Die Fehlerdokumentation ist die wichtigste Aufgabe nach dem Erkennen eines Fehlers. Nur die genaue Dokumentation des Fehlers ermöglicht die vollständige Fehlerbeseitigung. In den meisten Fällen muß nicht bloß die Existenz des Fehlers, sondern auch seine Entstehungsgeschichte aufgezeichnet werden. Manche Fehler treten beispielsweise nur bei einer ganz spezifischen Abfolge von Tastenschlägen auf.

Für die Dokumentation der Fehler empfiehlt sich der Entwurf eines Formulars, das alle wesentlichen Angaben über ihn mit Entstehungsgeschichte und Auswirkung (incl. vorhandener Unterlagen wie z.B. Hardcopies, Listen usw.) enthält. Wie Sie aus dem Musterformular auf der nächsten Seite ersehen, können auch weitere Informationen verlangt sein – siehe auch das Musterformular auf Seite 148.

Welche Informationen auch immer Sie auf diesem Formular eintragen, eines sollte immer zutreffen:

Das Formular begleitet den Fehler

von der Wiege bis zur Bahre.

8.5 Fehlerdatenbank

Die Fehlerdatenbank stellt eine Erweiterung der Dokumentation dar.

- Für den Softwareentwickler ist sie die Basis für die Verbesserung seiner Softwareentwicklung.
- Für den Prüfer ist sie ein Teil des Nachweises seiner systematischen Prüfungshandlungen.
- Für den Anwender kann sie entweder als Vergleichsinstrument für verschiedene Softwarepakete mitverwendet werden oder als Munition für Auseinandersetzungen mit einem Softwarelieferanten.

Die Fehlerdatenbank enthält unter anderem:

- die Kurzbeschreibung des Fehlers,
- die Verknüpfung zum Fehlerdokumentationsformular,
- Angaben über den Fehlertyp und die Fehlerklasse,
- Informationen über die Behebung des Fehlers und
- Informationen über die Kontrolle der Fehlerbehebung.

Der Softwareentwickler wird tunlichst die Fehlerdatenbank um Angaben über die Dauer der Fehlerbehebung erweitern. Sie wird damit zu einem wertvollen Instrument, um seinen Entwicklungsprozeß genauer zu planen, zu verfolgen und damit ökonomisch erfolgreich zu gestalten.

Mit Hilfe eines PCs und gängiger Standardsoftware (Lotus, dBASE, ACCESS...) läßt sich die Fehlerdatenbank rasch realisieren.

Programmfehlerbericht		Laufende Nr.	
Firma		Erfassungsdatum	
Anwendung Prog / Proz	Tester		Datum
❑ MOD-Test	❑ SYS-Test	Fehlerauswertung	
❑ INT-Test	❑ ANW-Test	❑ sehr schwer	❑ leicht
❑ FKT-Test	❑ REG-Test	❑ schwer	❑ Wunsch
Fehlerbeschreibung			
Beilagen (Listen, Hardcopies etc.):			
Erledigung			
Bewertung:	Kategorie:	Lokation:	Schlußbew.:
Fehlerbehebung von:		Behebungsdatum:	
Geprüft von:		Prüfungsdatum:	

Abb 4: Beispielformular Programmfehlerbericht.

9 Arten des Testens

9.1 Objektbezogen

In der Entwicklungsphase von Software haben wir es mit mehreren Arten von Objekten zu tun (siehe auch Abbildung 1 auf Seite 8). Sie können in zwei Gruppen zusammengefaßt werden.

Zu Beginn mit den

- Systemanforderungen,
- High Level-Design,
- Low Level-Design und dem
- Code

und am Ende des Entwicklungsprozesses mit

- Modulen,
- Programmen,
- Programmsystemen und der
- Anwendung

Für beide Objektarten verwenden wir jedoch die selben Beurteilungstechniken. Wir untersuchen das einzelne Objekt nach folgenden Gesichtspunkten:

- *Verifikation* (verification)

  Stimmt das Softwareprodukt mit seinen Spezifikationen überein? Die Verifikation beantwortet somit die Frage: „Bauen wir das Produkt richtig?"
- *Validierung* oder *Gültigkeit* (validation)

  Ist das Softwareprodukt für die praktische Anwendung geeignet? Die Validierung beantwortet somit die Frage: „Bauen wir das richtige Produkt?"

Statische Dynamische Test

Je nach Objekt unterscheiden wir zwischen statischen und dynamischen Tests. Abbildung 5 zeigt, für welche Objekte welche Art des Testens herangezogen wird, wobei beim Objekt *Programm* beide Testarten zur Anwendung kommen können. Die Abbildung zeigt auch, wer für die einzelnen Tests verantwortlich ist. Es geht daraus klar hervor, daß bereits ab dem Integrationstest – also beim Zusammenbau von einzelnen Modulen – eine eigene Testergruppe verantwortlich sein soll. Die Übersicht weist aber auch daraufhin, daß bereits zu Beginn der Softwareentwicklung Tests durchgeführt werden sollten. Denn je früher wir Fehler entdecken, desto einfacher und billiger ist deren Behebung. Eine nicht definierte Teilfunktion in den Anforderungen – entdeckt beim Anwendertest – zieht einen Rattenschwanz an Korrekturen im gesamten Entwicklungsprozeß nach sich und ist dementsprechend zeitaufwendig und teuer.

Testobjekt	Testart	Verantwortlich
Anforderungen	Statisch	Analytikerteam
Design	Statisch	Designerteam
Programm	Statisch	Programmierer
Integration	Dynamisch	Testgruppe
System	Dynamisch	Testgruppe
Anwendung	Dynamisch	Testgruppe / Anwender

Abb. 5: Arten des Testens.

9.1.1 Statische Tests

Unter statischen Tests fassen wir jene Testmethoden zusammen, die sich mit den Systemrequirements, dem Design und zum Teil auch mit dem Code beschäftigen.

Der statische Test setzt im Entwicklungsprozeß schon sehr früh ein. Er sollte es uns ermöglichen, den Großteil der Fehler (siehe Kapitel 7 *Die Phasen der Softwareentwicklung* ab Seite 27) zu finden und zu beheben.

Was wird nun im statischen Test verifiziert, und was wird auf Gültigkeit hin untersucht?

- *Verification*
  Design und Code,
- *Validation*
  Systemrequirements.

9.1.2 Dynamische Tests

Um mit dem dynamischen Test beginnen zu können, muß bereits ein ausführbarer Code, also ein Programm vorhanden sein. Dynamische Tests setzen im Entwicklungsprozeß der Software relativ spät ein.

Wie wird nun im dynamischen Test verifiziert, und wie wird auf Gültigkeit hin untersucht?

- *Verification*
  erfolgt durch Testfälle (Controlled Data),
- *Validation*
  erfolgt durch Echtdaten (Live Data).

Welche Testmethoden für die beiden Testarten verwendet werden, wird im Kapitel 10 *Methoden des Testens* ab Seite 43 näher erläutert.

Qualifizierte Tester

Wir haben immer dafür plädiert, die Tests von unabhängigen Testern durchführen zu lassen. Voraussetzung ist natürlich, daß es sich um qualifizierte Tester handelt.

Die statischen Tests werden überhaupt erst dann sinnvoll, wenn EDV-spezifische Spezialkenntnisse vorhanden sind wie z.B.:

- analytische Begabung,
- intime Kenntnisse von Betriebssystemen und Dateiverwaltungssystemen,
- detaillierte Kenntnisse der Programmsprache,
- meist ist überdies auch Teamarbeit erforderlich.

Dort, wo keine unabhängigen Tester mit solch spezieller Qualifikation zur Verfügung stehen, ist es durchaus vertretbar, die statischen Tests für Systemrequirements, Designspezifikationen und Programmcode von Spezialisten, die sich auch aus dem Entwicklerteam rekrutieren können, durchführen zu lassen.

Die dynamischen Tests sind jedoch unbedingt von unabhängigen Testern durchzuführen.

Um die Rangordnung zweifelsfrei festzulegen; ein Softwareprodukt kann ohne dynamischen Test nie Marktreife erlangen. Ohne statischen Test kann das aber sehr wohl der Fall sein – allerdings um den Preis eines erhöhten Zeitaufwandes beim dynamischen Test.

9.2 Betrachtungsbezogen

9.2.1 White Box-Test

Unter „White Box“ verstehen wir ein System (so klein oder so groß, so komplex oder so einfach wir es auch immer definieren mögen), von dem uns nur die inneren Vorgänge interessieren.

Der „White Box-Test“ bedeutet, sich auf die Ebene des Softwareproduzenten zu begeben und ihm quasi über die Schulter zu schauen. Diese Methode ist naturgemäß nicht einfach. Wirksam wäre sie nur, wenn der Tester genausoviel über das Produkt wüßte wie der Produzent selber.

Für den Prüfer/Controller und Anwender, die kaum etwas über Interna der Software wissen können, kann daher der „White Box Test“ nicht auf Programmebene stattfinden. Er kann allenfalls auf einer höheren Ebene angewendet werden. Dies ist der Test mittels „durch das System laufender Transaktionen“.

Strukturiertes Testen

Diese Testmethode nennt man auch strukturiertes Testen, da die Testfälle aufgrund der uns bekannten Struktur ermittelt werden.

9.2.2 Black Box-Test

Unter „Black Box-Test" verstehen wir dasselbe wie im „White Box-Test"; nur mit umgekehrten Vorzeichen. Es interessiert uns jetzt überhaupt nicht, was sich in der Box abspielt. Lediglich, ob die Eingabe nach dem Durchlaufen der „Black Box" jene Ausgabe erzeugt hat, die wir erwartet hatten, macht uns neugierig.

Die „Black Box" entspricht der üblichen Betrachtungsweise des Anwenders von Softwareprodukten.

Die „Black Box"-Betrachtung ist auch die einzige, die bei komplexen Programmen und bei Standardsoftware Zukunft hat.

Diese Testart wird auch „Funktionstest" genannt, da uns nur interessiert, ob die Funktion ordnungsgemäß erfüllt wird.

9.2.3 Versuch eines Vergleichs

White Box

Sehen wir uns nun die Vor- und Nachteile der beiden Testarten an. Zuerst die strukturierte Testart oder der „White Box-Test".

- **Vorteile**
  - theoretisch vollständig,
  - kann theoretisch automatisiert werden,
  - von Natur aus methodisch.
- **Nachteile**
  - von Natur aus voreingenommen,
  - scheint nicht sehr sinnvoll bzw. hilfreich,
  - findet nicht sehr viele wichtige Fehler (Requirements).
- **Was bringt es?**
  - etwa 50% bis 75% der Fehler im Modultest; das sind ca. 25% bis 40% aller Fehler.
  - es sind aber die leichten Fehler.
  - benötigt ca. 50% der Testzeit.

Black Box

Nun zu den Funktionstests oder „Black Box-Tests".

- **Nachteile**
  - theoretisch unvollständig,
  - kann theoretisch nicht automatisiert werden,
  - von Natur aus intuitiv.

- **Vorteile**
  - von Natur aus unvoreingenommen,
  - ist immer sinnvoll und hilfreich,
  - findet die meisten Fehler, die auch der Anwender finden würde.
- **Was bringt es?**
  - ca. 10 bis 30% der Fehler im Modultest; das sind ca. 5 bis 15% aller Fehler,
  - es sind aber die „Dicken Brocken".
  - benötigt ca. 50% der Testzeit.

Es scheint hier ein Konflikt zwischen diesen beiden Testarten zu bestehen. Wie jedoch Abbildung 4 zeigt, existiert dieser Konflikt in Wirklichkeit gar nicht. Für jedes Testobjekt gibt es die geeignete Testart. Wir sehen auch: je näher wir an den Anwender herankommen, desto gefragter und nützlicher ist der „Black Box-Test" (also das funktionale Testen). Die richtige Kombination der Testarten und die in den einzelnen Testarten richtig eingesetzte Testmethode bringen den hohen Deckungsgrad.

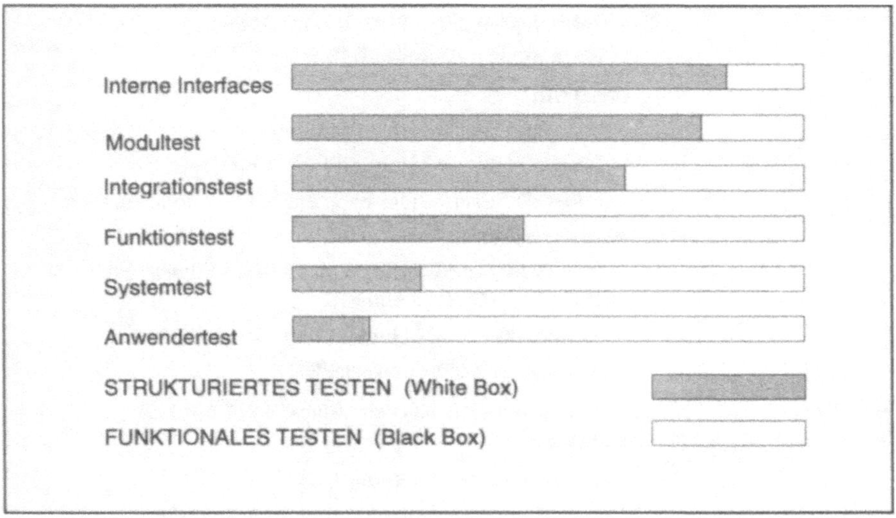

Interne Interfaces
Modultest
Integrationstest
Funktionstest
Systemtest
Anwendertest
STRUKTURIERTES TESTEN (White Box)
FUNKTIONALES TESTEN (Black Box)

Abb. 6: Vergleich Black Box- / White Box-Test.

10 Methoden des Testens

10.1 Walk Through

10.1.1 Einleitung

Walk Through ist eine statische Testmethode. Sie setzt daher bereits in den Anfangsstadien des Entwicklungsprozesses ein. Im Gegensatz zu den anderen Testmethoden, die auch von Einzelkämpfern bewältigt und durchgeführt werden können, handelt es sich bei dieser Testmethode um eine Gruppenarbeit. Um diese Testmethode erfolgreich einzusetzen, sind einige Grundvoraussetzungen zu schaffen. Dazu zählen:

Voraussetzungen

- Für die einzelnen Stufen des Entwicklungsprozesses sind Standards zu schaffen.
- Die Mitglieder des Entwicklungsteams sind mit der Methode sorgfältig vertraut zu machen. Es gilt vor allem, Mißtrauen abzubauen. Die Erfahrung lehrt, daß Mitarbeiter speziell dann sehr argwöhnisch werden, wenn man ihre Arbeit beurteilen will. Gerade in der EDV betrachtet jeder Mitarbeiter, sei es nun der Analytiker, der Organisator oder der Programmierer, sein Werk als sein Kind und ist auch entsprechend beleidigt, wenn jemand wagt, es zu kritisieren. Am schmerzhaftesten wird die berechtigte Kritik empfunden.
- Das Einrichten der Fehlerdatenbank. Es ist auch sehr hilfreich und steigert die Produktivität ungemein, wenn es Fehleraufzeichnungen über bereits abgeschlossene Softwareprodukte gibt. Es kann nicht oft genug auf die Wichtigkeit der Fehlerdatenbank und Testdokumentation hingewiesen werden.
- Die Weiterbildung der Mitarbeiter, sei es durch entsprechende Literatur oder den Besuch fachbezogener Seminare.
- Die klare und für alle Gruppenmitglieder akzeptable Definition der Ziele.

10.1.2 Das Team

Wie sieht nun die optimale Zusammensetzung einer Arbeitsgruppe für die Durchführung eines Walk Through aus?

- Der **Moderator**.
  Er ist der Teamchef. Er ist die Schlüsselperson in der Gruppe. Er muß von den anderen Mitgliedern der Gruppe nicht nur fachlich, sondern auch als Persönlichkeit anerkannt werden. Mir scheint die Anerkennung der Persönlichkeit sogar wichtiger zu sein als seine fachliche Qualifikation.
- Der **Designer**.
  Er repräsentiert das Entwurfs-Know-How in der Gruppe.
- Der **Programmierer**.
  Er vertritt Programmsprachen- und Codierungs-Know-How in der Gruppe.
- Der **Tester**.
  Er ist der Testexperte der Gruppe. Eine seiner Aufgaben ist es, darauf zu achten, daß die Regel eingehalten wird: „Baue nichts, was du nicht testen kannst".
- Der **Schriftführer**.
  Er führt das Protokoll und unterstützt den Moderator bei administrativen Aufgaben.
- Der **Autor**.
  Der Mann, dessen Arbeit von der Gruppe besprochen wird.
- (last but not least): der **Anwender**.
  Derjenige, der die Verbindung zur „Außenwelt" aufrecht hält.

Unabhängig davon, auf welcher Ebene des Entwicklungsprozesses wir uns befinden, Systemrequirements, Designphase oder Programmierungsphase – dieses Team führt jeweils den Walk Through durch.

Autor im Team?

Im Laufe unserer Testprojekte haben wir einige Softwareentwicklungen kennengelernt, bei denen der Autor nicht Mitglied der Gruppe war. Dafür gab es folgende Begründung (die nicht ohne weiteres von der Hand zu weisen ist):

Die Arbeit muß für sich selbst sprechen und selbsterklärend sein. Daher benötigt man die Interpretation des Autors nicht. Es darf bei Systemrequirements und Designspezifikationen sowieso keine mehrdeutigen Aussagen geben.

Anwender im Team!

Der Anwender als Mitglied der Gruppe wird bei fast allen Softwareentwicklungsprozessen zu spät (beim Review der Systemrequirements) herangezogen. Wir hingegen sind der Meinung, daß er neben dem Moderator die zweite Schlüsselperson der Gruppe ist. Er hat an allen Reviews teilzunehmen und ist so früh als möglich einzubinden.

Die Stunden und Wochen, die er (vermeintlich nutzlos) bei den Projektsitzungen dabei ist, ohne zu verstehen, worüber die EDV-Experten sprechen, sind eine lohnende Investition. Schon ein einziger von ihm erkannter Designfehler wiegt die Kosten um ein Mehrfaches auf.

10.1.3 Der Ablauf

Der Ablauf des Walk Through sollte aus folgenden Einzelschritten bestehen:

I Überblick geben (Briefing der Gruppe),

II Vorbereitung (individuelle Inspektion),

III Durchführung – die Inspektion (in der Gruppe),

IV Nacharbeit,

V Nachstoßen (Follow Up).

I Überblick geben

Durch den Moderator wird den Mitgliedern der Gruppe ein kurzer Überblick über die zu behandelnde Materie gegeben. Dabei werden die benötigten Unterlagen an die Mitglieder verteilt wie:

- Standards,
- Fehlerdatenbank,
- Anforderungen,
- Design,
- Programmcode und
- Testpläne.

Diese Tätigkeit sollte nicht länger als 15 bis 30 Minuten dauern.

II Vorbereitung

Für die Vorbereitung muß mit einem Aufwand von 4 bis 8 Stunden je Teammitglied gerechnet werde. Dieser Zeitaufwand ist nicht reduzierbar.

Vorbereitungszeit ist wichtig

Die Effektivität des Teams sinkt sehr stark, wenn die notwendige Zeit nicht eingeräumt wird. Die eigentliche Arbeit und damit der Output der Gruppe wird nicht in der Gruppenzusammenkunft – der eigentlichen Inspektion – geleistet, sondern in der Vorbereitung. Hier in der Vorbereitung ist das Fachwissen der Mitglieder gefordert, in der Gruppe werden nurmehr die Früchte geerntet.

Die Zuhilfenahme der Fehlerdatenbank für die Vorbereitung hat zwei gegensätzliche Auswirkungen. Einerseits ist sie ein wertvolles Instrument, das uns Fehlertypen erkennen läßt. Andererseits hemmt sie die Kreativität.

Die gefundenen Fehler werden notiert und dienen für die Inspektion (Gruppensitzung) als Arbeitsunterlage.

III Die Inspektion

Es handelt sich um eine Gruppenarbeit, die nicht länger als zwei Stunden dauern sollte. Die zu testenden Unterlagen werden Schritt für Schritt durchgegangen (daher auch der Name Walk Through), wobei die einzelnen Mitglieder die in der Vorbereitung gefundenen Fehler präsentieren. Diese Fehler werden in einem Fehlerprotokoll festgehalten (Muster siehe Kapitel 10.1 *Walk Through* auf Seite 43).

Fehlerprotokoll

Das Fehlerprotokoll enthält neben den Angaben zum Testobjekt die einzelnen gefundenen Fehler samt Beschreibung, Bewertung und Fehlerort. Die in diesem Buch gezeigten Muster sind als Anregung zu verstehen und sicherlich nicht für jede Anwendung verwendbar.

Es zeigt sich, daß die Fehlertypen je Anwendung verschieden sind. Innerhalb der Anwendung sind sie je Testobjekt (Anforderungen, High Level Design, Low Level Design und Code), ja sogar je verwendeter Programmiersprache verschieden. Es ist Aufgabe des Moderators, in Zusammenarbeit mit dem verantwortlichen Projektleiter die Fehlertypen vorweg zu definieren. Auch ist von Fall zu Fall zu entscheiden, ob die in den Mustern vorgenommene Gewichtung – schwer und leicht – und die Untergliederung – fehlend, falsch und sonstiges – zielführend ist. Sie kann in einigen Fällen nicht detailliert genug, in anderen Fällen wieder zu detailliert sein.

Zusammenfassung

Die im Protokoll erfaßten Fehler werden sodann in einer Zusammenfassung komprimiert, und diese Übersicht zeigt uns, wo sich unsere Schwachstellen in dem speziellen Teil der Softwareentwicklung befinden. Das Fehlerprotokoll fließt ebenso wie alle anderen gemeldeten und gefundenen Fehler in die Fehlerdatenbank ein.

An dieser Stelle zwei sehr wichtige Tips zur praktischen Gruppenarbeit:

- Überprüfen Sie immer das Design und nicht den Designer, überprüfen Sie immer das Programm und nicht den Programmierer. Bleiben Sie neutral, denn Sie prüfen eine Sache und bewerten nicht den Menschen.
- Vermeiden Sie es, in der Gruppe nach Lösungen zu suchen. Es besteht nämlich die Gefahr, daß die Versuche, eine Problemlösung für den ersten Fehler zu finden, den Rest der gesamten Sitzungszeit fressen. Außerdem weiß in den meisten Fällen der Autor alleine am besten, wie die Lösung des Problems anzupacken ist.

IV Nacharbeiten

Die bei der Inspektion gefundenen Fehler werden vom Autor entfernt. Der Moderator als Gruppenleiter ist dafür verantwortlich, daß das auch wirklich geschieht. Die vorgenommenen Korrekturen werden im Fehlerprotokoll vermerkt.

V Nachstoßen – Follow Up

Der Moderator entscheidet darüber, ob eine weitere Sitzung und damit auch Vorbereitung zum selben Thema notwendig ist.

Fehlerprotokoll		Datum
Anwendung	Teilgebiet	Seite

lfd. Nr.	Typ	S/L	F/U/S	Dokument Seite	Fehlerbeschreibung	Korr. am

Legende: Typ siehe Zusammenfassung
S/L Schwer / Leicht
F/U/S Fehlt / Unrichtig / Sonstiges

Abb. 7: Beispielformular Fehlerprotokoll.

Fehlerprotokoll Zusammenfassung	Moderator	Datum
Anwendung	Teilgebiet	Seite

Fehlertyp		Schwer			Leicht		
		F	U	S	F	U	S
LOG	Logik						
PRÜ	Prüfung						
INI	Initialisierung						
INT	Schnittstelle / Interface						
PER	Performance						
WAR	Wartbarkeit						
DES	Designfehler						
KOM	Code-Kommentar						
SON	Sonstige						
STD	Standards						
	Summe						

Legende: F Fehlt
U Unrichtig / Falsch
S Sonstiges

Abb. 8: Beispielformular Zusammenfassung.

10.1.4 Zusammenfassung

Welche Ergebnisse können wir bei dieser Vorgangsweise erwarten?

Nutzen für das Produkt

Bezogen auf das **Produkt** erwarten wir, einen möglichst hohen Prozentsatz der gesamten Fehler zu finden. Dies bringt zweifachen Vorteil. Erstens sind die Fehlerbehebungskosten in diesem frühen Stadium des Entwicklungsprozesses relativ niedrig. Zweitens kommen wir dem Ziel, „das richtige Produkt zu bauen", näher. Wir können jetzt noch rechtzeitig die Weichen richtig stellen.

Nutzen für die Entwickler

Bezogen auf das **Entwicklungsteam** erwarten wir ein möglichst frühes Feedback zur geleisteten Arbeit. Die Teamarbeit bringt es zwangsläufig mit sich, Einblick in die Probleme des anderen zu erhalten und so die Chance zum (zeitweiligen) Ablegen seiner eigenen Scheuklappen zu nutzen. Damit wird die Produktion als ganzheitlicher Prozeß erkennbar.

Nutzen für die Entwicklung

Bezogen auf den **Entwicklungsprozeß** erwarten wir, eine ständige Verbesserung in Richtung „Kontrolle und Überblick" zu behalten. Das zeigt sich dann vor allem in den Bereichen Fehlerdatenbank und Entwicklung von Fehlerfindungsstrategien. Die Reduzierung der Fehlerproduktion bei zukünftigen Projekten ist ein erfreuliches Abfallprodukt dazu.

Die drei häufigsten Probleme, die mit dieser Methode aufgedeckt werden, sind:

- Zum ersten **ungenaue,** unzureichende, mehrdeutig interpretierbare bzw. überhaupt nicht vorhandene **Spezifikationen.**
- Das zweithäufigste Problem ist die unzureichende Erfahrung auf dem Fachgebiet bzw. **dort fehlendes Spezialwissen.**
- Drittens und last but not least sind es der hohe Zeitbedarf und damit die **hohen Kosten der Methode** (wobei klar sein muß, daß es im Endeffekt viel teurer kommt, die Methode nicht zu verwenden).

Lösungen

Wie begegnen wir diesen Problemen?

- Beim ersten Problemkreis (...unzureichende Spezifikationen) raten wir zur Verwendung von Datenflußdiagrammen, Pseudocodes, Entscheidungstabellen und Programmgeneratoren (CASE-Tools).

- Dem zweiten Problemkreis (fehlendes Spezialwissen, Erfahrung) können Sie durch die Berufung von externen Konsulenten ins Team begegnen, oder Sie erstellen Prototypen, die Sie durch repräsentative Endanwender laufend beurteilen lassen.
- Die Kosten als dritter Problemkreis verlieren ihre Einstufung als Problem, wenn Sie sie den Kosten der unzureichenden Qualität gegenüberstellen. Wenn die Kosten für Walk Throughs nicht im Budget Platz finden, dann lassen Sie bei komplexen Softwareprojekten lieber das Projekt fallen. Der Einsatz von CASE-Tools hilft Ihnen, die Kosten zu senken, bestimmt aber nicht beim ersten Projekt.

Beispiel

Anhand eines einfachen Beispiels möchte ich die ersten beiden Probleme verdeutlichen.

Anforderung

Um den neuen Kurs für ein Segelschiff zu berechnen, ist ein Unterprogramm zu erstellen, das nachstehende Aufgaben löst:

1. Einlesen bestehender Kurs,
2. Eingabe neuer Kurs,
3. Ausgabe der Kurskorrektur.

Das in einer Pseudoprogrammsprache geschriebene Unterprogramm besteht aus sechs Zeilen und weist einen schweren Fehler auf:

```
(1) SUBR   KURSAEND
(2) READ   ALT_KURS
(3) ENTER  NEU_KURS
(4) IF NOT VALID THEN EXIT VIA EXIT_KURSAEND
(5) KORR-KURS = NEU_KURS - ALT_KURS
(6) RETURN
```

Anmerkungen

Anmerkungen zum vorstehenden Listing:

(1) Beginn des Unterprogramms

(2) Lesen bestehender Kurs

(3) Eingabe neuer Kurs

(4) Verlassen Unterprogramm bei falscher Eingabe

(5) Berechnen der Kurskorrektur

(6) Ende Unterprogramm / Rücksprung

So trivial dieses Programm auch zu sein scheint, es enthält einen schweren Fehler. Der Fehler ist nicht formaler Natur, sondern es handelt sich um einen Funktionsfehler.

Segler und nautisch gebildeten Leser haben den tödlichen Fehler in diesem Miniprogramm sicher schon entdeckt. Alle Landratten aber *bestimmt nicht* (und müssen daher jämmerlich ertrinken).

Fehler

Der Fehler besteht darin, daß durch dieses Programm immer der lange Weg der Kurskorrektur genommen wird. Dies führt zu Schwierigkeiten, sobald wir 0 Grad überschreiten.

Nehmen wir an, Sie befinden sich mit Ihrer Yacht bei Südwind auf Kurs 350 Grad und wollen den neuen Kurs 10 Grad segeln. Dieses Programm würde eine Kurskorrektur von 340 Grad errechnen. Was bei Durchführung einer solchen Kurskorrektur geschehen würde, ist vorstellbar, aber nicht erstrebenswert. Im günstigsten Fall würde Ihnen nur schwindlig.

Korrektur

Die korrekte Fassung des Programms lautet daher wie folgt:

```
(1) SUBR   KURSAEND
(2) READ   ALT_KURS
(3) ENTER  NEU_KURS
(4) IF NOT VALID THEN EXIT VIA EXIT_KURSAEND
(5) KORR-KURS = NEU_KURS - ALT_KURS
(6) IF ABS(KORR_KURS) > 180
    THEN KORR_KURS = 360 - KORR_KURS
(7) RETURN
```

Anmerkungen

Anmerkungen zum vorstehenden Listing:

(1) Beginn des Unterprogramms

(2) Lesen bestehender Kurs

(3) Eingabe neuer Kurs

(4) Verlassen Unterprogramm bei falscher Eingabe

(5) Berechnen der Kurskorrektur

(6) Abfrage auf > 180

(7) Ende Unterprogramm / Rücksprung

Ursache für eventuelles Nichtentdecken dieses Fehlers sind unspezifische Requirements bzw. mangelndes fachspezifisches Wissen.

10.2 Path Testing

10.2.1 Einleitung

Path Testing ist eine der ältesten Testmethoden in der EDV. Sie haben eventuell schon den Begriff „Schreibtischtest" gehört – genau das ist es.

Path Testing ist ein typischer „White Box-Test". Das heißt, wir wissen um die Vorgänge innerhalb des Systems genau Bescheid. Path Testing wird daher hauptsächlich im Modul- oder Unittest und fast ausschließlich von Programmierern angewandt. Path Testing ist aber auch ein Zwitter. Diese Testtechnik wird nämlich auch im „Black Box-Test" verwendet. Dort vor allem im Systemtest. Wir werden uns damit im Kapitel 10.6 *Transaction Flow Testing* auf Seite 87 beschäftigen.

10.2.2 Systemdarstellung mit Flowgraph

Eine der ersten Darstellungsformen eines Systems in der EDV war das Flußdiagramm (Flowchart). Es hatte den Nachteil, daß es zur Darstellung eines gar nicht so komplizierten Programmablaufes viele Seiten zur Darstellung benötigte und dadurch oft schwieriger zu lesen war als das Programm selbst.

Diese Darstellungsform wollte man vereinfachen und kam damit zum Flowgraph (Ablaufgrafik).

Die grafische Darstellung der Hauptelemente eines Flowgraph werden in der nachstehenden Abbildung ersichtlich.

Die gezeigte Darstellungsform illustriert die einzelnen Komponenten.

- **Prozeß** (Process): Er besteht aus mehreren (einer oder tausend), nicht durch eine Verzweigung (Decision) oder Verknüpfung (Junction) unterbrochenen Instruktionen.
- **Verzweigung** oder Entscheidung (Decision): Sie ermöglicht zu zwei oder mehreren Zielen zu verzweigen. Programmbefehle wie:

  IF - THEN - ELSE,

  CASE-Statements,

  JUMP-Tables,

  CONDITIONAL BRANCHES.

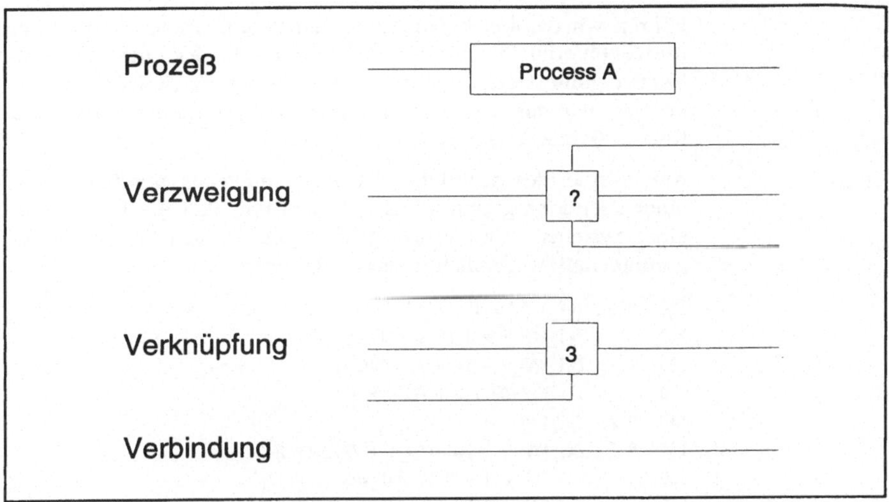

Abb. 9: Elemente des Flowgraph.

`COMPUTED GOTO,`

`IMPLICIT DECISION` in einem `FOR`- oder `WHILE`-Statement

sind Befehle, die solche Verzweigungen im Programm ermöglichen.

- **Verknüpfung** (Junction): Ist der Zusammenfluß von zwei oder mehreren Pfaden. Programmbefehle wie:

  ```
  GOTO TARGET,
  LABLES,
  UNTIL,
  END-LOOP,
  END-WHILE
  ```

  sind Befehle, die solche Verknüpfungen im Programm ermöglichen.
- **Verbindung** (Link): Jenes Element, das Verzweigungen und Verknüpfungen verbindet, wobei es egal ist, ob dabei ein Prozeß durchlaufen wird oder nicht.

Aus den obigen Definitionen können wir also den Schluß ziehen, daß ein Prozeß (Process) gleich einer Verbindung (Link) ist.

Führen wir darüber hinaus noch den Begriff Knoten (Node) ein und definieren ihn als Teil des Flowgraph, der entweder eine Verzweigung (Decision) oder eine Verknüpfung (Junction) ist, so können wir mit den beiden Symbolen Verbindung (Link) und Knoten (Node) unser System darstellen.

Beispiel

Am Beispiel des nachstehenden Programmteiles, geschrieben in einer Pseudoprogrammsprache, zeigen wir, daß die Darstellung eines Systems – und darum geht es hier – mit Hilfe der Flowgraphtechnik wesentlich überschaubarer ist.

```
100  BEG:  INPUT IVAR_1,IVAR_2
110        ZWI_VAR_1 = IVAR_1 + IVAR_2
120        ZWI_VAR_2 = IVAR_1 - IVAR_2
130        IF ZWI_VAR_1 ≥ 0 GOTO P-1
140  P-2:  ZWI_VAR_1 = ZWI_VAR_1 - 1
150  P-1:  ZWI_VAR_1 = ZWI_VAR_1 + ZWI_VAR_2
160        FOR ZAEHL_1 = 0 TO ZWI_VAR_1
170        ZWI_VAR_2(ZAEHL_1), ZAEHL_1(ZWI_VAR_2) =
           (ZWI_VAR_1 + ZWI_VAR_2) * ZAEHL_1
180        IF ZWI_VAR_2(ZAEHL_1) = 0 GOTO P-2
190        ZWI_VAR_1 = ZWI_VAR_1 - 1
200        IF ZWI_VAR_1 = 0 GOTO P-3
210        ZAEHL_1 = ZAEHL_1 + 1
220        NEXT ZAEHL_1
230        ZWI_VAR_2(ZAEHL_1 - 1) = ZWI_VAR_2(ZAEHL_1 + 1)
                                  + ZAEHL_1(ZWI_VAR_2 - 1)
240  P-3:  ZWI_VAR_2(ZAEHL_1 + ZAEHL_1(ZWI_VAR_2))) = ZAEHL_1
                                                     + ZWI_VAR_2
250        IF ZAEHL_1 = ZWI_VAR_2 GOTO P-2
260        IF ZAEHL_1 > ZWI_VAR_2 THEN ZAEHL_1 = ZWI_VAR_1
270        ZWI_VAR_1 = ZAEHL_1
280  ENDE:
```

Die Umsetzung des im Beispiel aufgelisteten Codes in ein Flowchart (Ablaufdiagramm) wird vielleicht einem visuellen Typ mehr sagen als der Code selbst, trägt aber noch immer nicht sehr viel zum Verständnis des Systems bei. Das Flowchart ist aus der folgenden Abbildung ersichtlich.

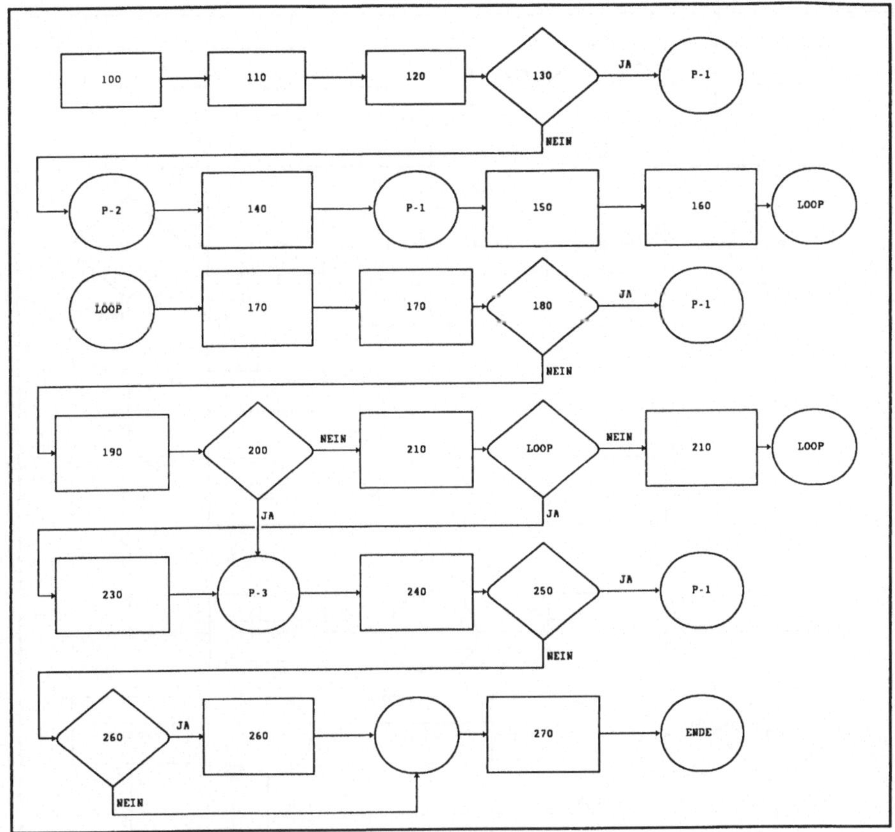

Abb. 10: *Flowchart – ein Beispiel.*

Bei der Überleitung zum Flowgraph werden die einzelnen Statements zwischen den Verzweigungen und/oder Verknüpfungen durch Prozesse ersetzt. Es ergibt sich daher ein etwas gestraffteres Bild; und wir gewinnen eine bessere Übersicht.

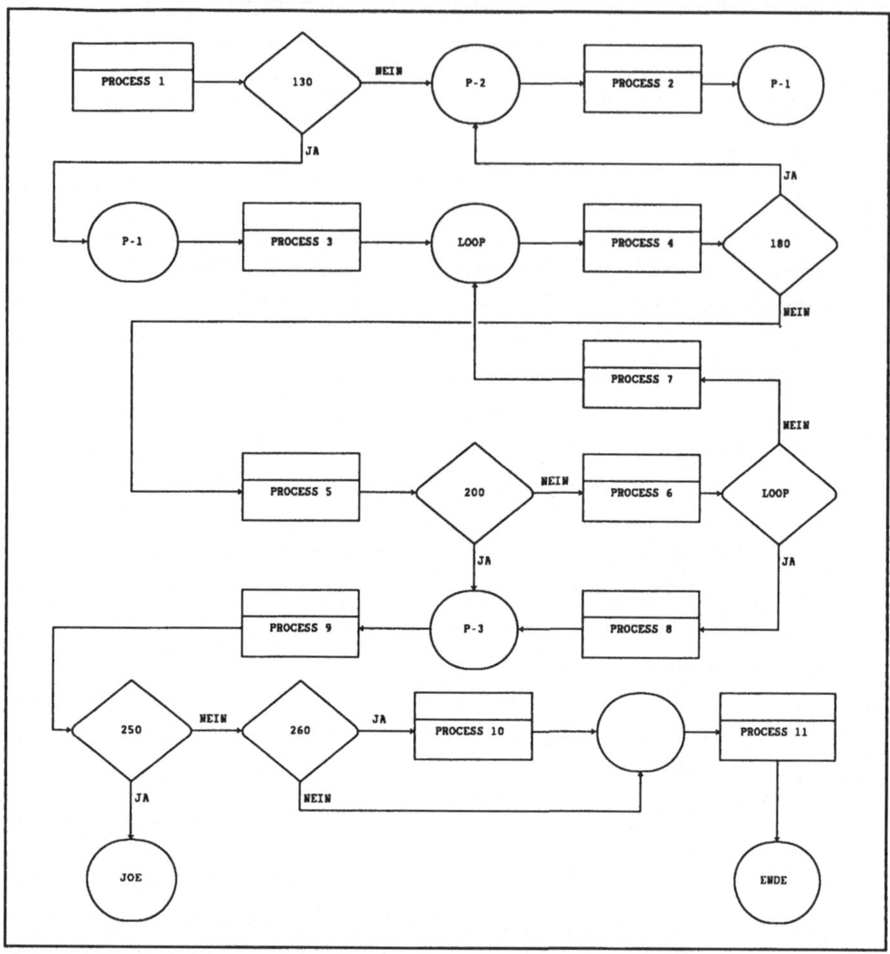

Abb. 11: Flowgraph-1 – ein Beispiel.

Es können nun zur Vereinfachung – und damit zur besseren Übersicht – die Prozeßboxen durch Verbindungen und die Rauten (Entscheidungen) durch Kästchen ersetzt werden. Die nachstehende Abbildung zeigt nun schon deutlich, welchen Vorteil dies bringt. Das System ist leichter zu durchschauen.

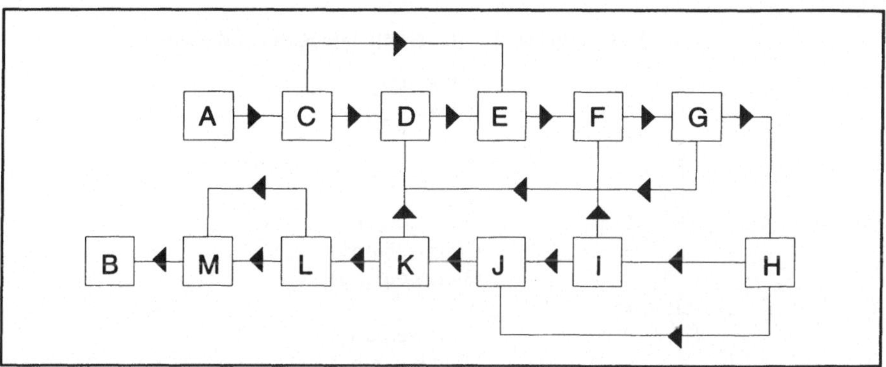

Abb. 12: Flowgraph-2 – ein Beispiel.

Eine weitere Stufe der Reduktion – die Kästchen werden durch Punkte ersetzt – stellt die letzte Stufe der Vereinfachung eines Flowgraph dar.

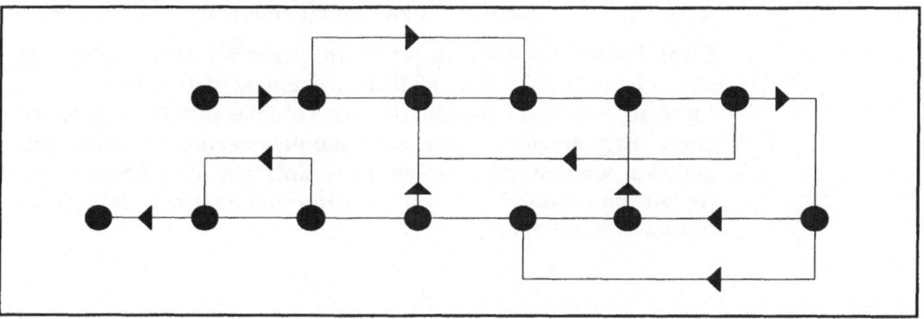

Abb. 13: Flowgraph-3 – ein Beispiel.

Aus der grafischen Darstellung heraus läßt sich nun das System verbal beschreiben. Dazu haben wir zwei Möglichkeiten. Ich stelle dies an Hand des in Abbildung 12 gezeigten Flowgraph dar.

1. Festschreiben der Knotenverbindungen in Tabellenform

```
A:  C       (Eingang)
C:  D, E    (Verzweigung)
D:  E
E:  F
F:  G
G:  D, H    (Verzweigung)
H:  I, J    (Verzweigung)
I:  F, J    (Verzweigung)
J:  K
K:  D, L    (Verzweigung)
L:  M, M    (Verzweigung)
M:  B
B:          (Ausgang)
```

Eingang = **Keine** Verbindung **von** einem anderen Knoten

Verzweigung = **zwei** oder **mehrere** Verbindungen **zu** anderen Knoten

Ausgang = **Keine** Verbindung **zu** einem anderen Knoten

Diese Darstellungsform ist für einen Tester als Ausgangsbasis sicherlich nicht sehr übersichtlich. Sie eignet sich jedoch gut als Input für einen Testgenerator, der Testfälle erstellt. Einem solchen Testgenerator müssen dann die entsprechenden Werte mitgegeben werden, die das System veranlassen die einzelnen Pfade zu durchlaufen. Diesen Vorgang nennen wir das „Sensibilisieren eines Pfades“.

2. Festschreiben der Knotenverbindungen in Matrixform

	A	B	C	D	E	F	G	H	I	J	K	L	M
A			★										
B													
C				★	★								
D					★								
E						★							
F							★						
G				★				★					
H									★	★			
I						★				★			
J											★		
K				★								★	
L													★
M		★											

Abb. 14: *Darstellung der Knotenverbindungen in Matrixform.*

Die Matrixform ist für den manuellen Test, der nicht von einem Testgenerator unterstützt wird, übersichtlicher.

Die Netzdarstellung eines Systems (siehe Abbildung 12 auf Seite 57) zeigt uns die Anzahl von Wegen oder Pfaden durch das System (daher auch der Terminus Technicus „Path Testing"). Diese Pfade sind zu überprüfen.

10.2.3 Regeln

Es gibt drei Regeln für das Path Testing, wobei Regel 2 und 3 Teilmengen der Regel 1 sind. Regel 1 hat nur theoretische Bedeutung.

Regel 1
Durchlaufen Sie jeden Pfad von seinem Ausgangspunkt bis zu seinem Endpunkt.

Regel 2
Durchlaufen Sie mit Ihren Testfällen jedes Statement mindestens einmal.

Regel 3
Durchlaufen Sie mit Ihren Testfällen jeden Pfad mindestens einmal.

Wird Regel 1 befolgt, so werden damit auch automatisch die Regeln 2 und 3 befolgt, da sie Teilmengen von 1 darstellen. In der Praxis ist die Durchführung von Regel 1 kaum praktizierbar, da diese Regel nur für Systeme ohne Loops (Programmschleifen) angewendet werden kann. Bei Systemen mit Loops ergeben sich so viele Möglichkeiten, daß man zu astronomischen Durchlaufzahlen kommt. Die sinnvolle Kombination der Regeln 2 und 3 ist für kaufmännische Applikationen ausreichend.

Die Regel 3 ist auch in den vom American National Standards Institute (ANSI) herausgegebenen „IEEE Standard for Software Unit Testing" als Mindestanforderung beim Unittest (Modultest) gefordert. Die Forderung ist im Punkt 3.1.2 Absatz (2) zusammengefaßt und lautet im Originaltext:

*When testing a unit implemented with a procedural language (for example COBOL) during software development, **every instruction** that can be reached and executed **must be covered by a test case** or an approved exception, except for instructions contained in modules that have been seperately unit tested. The same should hold during software maintenance for the testing of a unit implemented with a procedural language.*

Neben der Erfüllung dieser Teststandards verlangen amerikanische Regierungsstellen von Softwareherstellern unter anderem auch die Vorlage von Flowcharts.

Regel 3 ist stärker und hat damit einen höheren Deckungsgrad als Regel 2. Weshalb dies so ist, will ich an einem kurzen Beispiel erläutern.

Beispiel:

```
100  IF Z < 0 THEN GOTO 200
150  X = X + A
200  X = X + A
300  ........
```

Verdeutlichen wir uns diesen kurzen Programmausschnitt durch die Darstellung in einem Flowgraph.

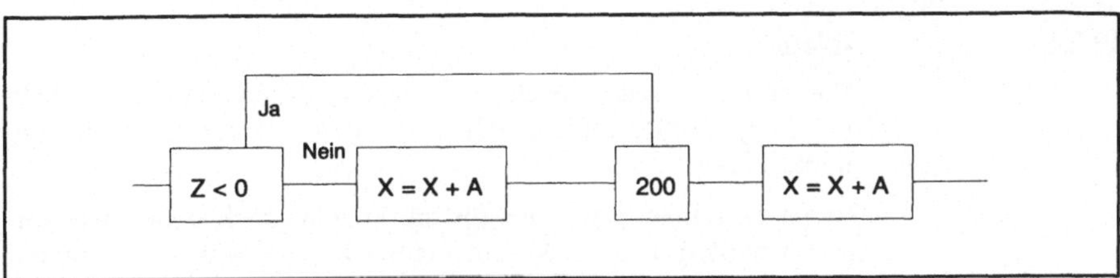

Abb. 15: Regeln zum Pathtest – ein Beispiel – 1

Für einen negativen Wert von Z würde der Wert von X am Ende der Routine X+A sein. Ist hingegen Z positiv, so würde der Wert von X am Ende der Routine X+2A sein. Folgen wir nun der Regel 1 – Ausführung jedes Statements, nicht aber Durchlaufen aller Pfade nach einer Entscheidung – so würden wir den in der nächsten Abbildung gezeigten Fehler nicht finden.

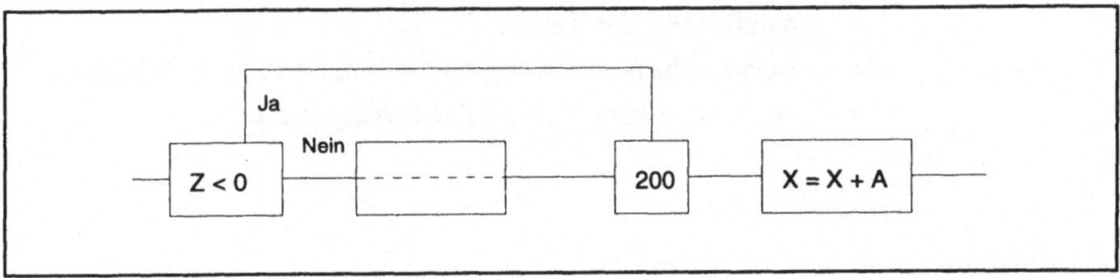

Abb. 16: Regeln zum Pathtest – ein Beispiel – 2

Ein negativer Wert von Z würde das richtige Ergebnis erzeugen. Alle Werte für Z würden das Programm ordnungsgemäß durchlaufen, aber bei positiven Z-Werten wäre das Ergebnis falsch.

10.2.4 Ablauf

Wie geht es weiter, nachdem wir das System veranschaulicht und in grafischer und/oder in Form einer Matrix zu Papier gebracht haben?

Zuerst entscheiden wir uns für die Regeln, nach denen wir vorgehen wollen. Dies ist Voraussetzung für die Wahl der weiteren Schritte. Haben wir uns für eine der drei Regeln entschieden – wobei in der Praxis nur die Regeln 2 und 3 zur Anwendung kommen werden – so sind folgende Schritte durchzuführen.

- **Auswählen** des Pfades.
- **Sensibilisieren** des Pfades, d.h. es müssen jene Variablenwerte ermittelt werden, die auf den gewählten Pfad führen.
- **Definieren** des Soll-Ergebnisses.
- **Dokumentation** des Pfades d.h. es werden die Eingabewerte und das Soll-Ergebnis schriftlich festgehalten.
- **Ausführen** des Tests.
- **Vergleichen** der Ist-Ergebnisse mit den Soll-Ergebnissen.
- bei Fehler: Erstellen des **Fehlerberichtes.**

10.2.5 Beispiel

Gegeben sei das in Abbildung 12 als Flowgraph dargestellte System. Wie in Punkt 10.2.4 auf Seite 62 beschrieben, müssen wir zuerst entscheiden, welche der drei Regeln (siehe Kapitel 10.2.3 *Path Testing Regeln* auf Seite 59) wir anwenden wollen. In unserem Fall haben wir uns für Regel 3 entschieden, d.h. wir durchlaufen mit unseren Testfällen jeden Pfad mindestens einmal. Danach werden die einzelnen Pfade ausgewählt, sensibilisiert und dokumentiert. Dieses Beispiel soll Ihnen eine der Möglichkeiten zeigen, wie die Dokumentation erfolgen könnte.

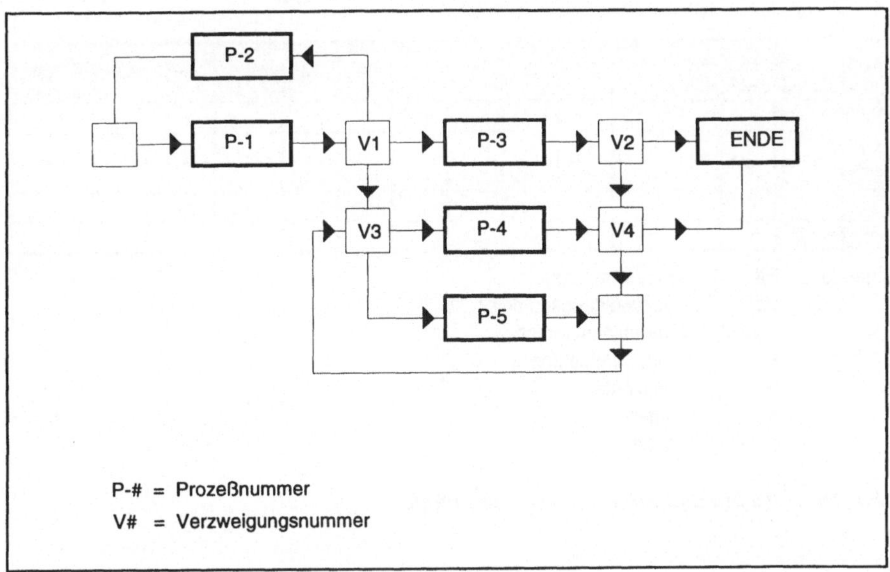

Abb. 17: Pathtest – ein Beispiel.

Die Dokumentation der einzelnen Pfade erfolgt in der unten abgebildeten Tabelle, die aus drei Teilen besteht.

- Der erste Teil zeigt die Prozesse, die beim entsprechenden Pfad durchlaufen werden.
- Der zweite Teil zeigt die Richtungen, die bei den einzelnen Verzweigungen je Pfad gegangen werden. Bei mehrmaligem Durchlaufen einer Verzweigung werden die einzelnen Werte durch Schrägstriche getrennt.
- Der dritte Teil zeigt die Werte der einzelnen Variablen, die den entsprechenden Pfad sensibilisieren. Die Anzahl der Variablen ist vom System abhängig.

	P1	P2	P3	P4	P5	V1	V2	V3	V4	Var1	Var2	Var3	Var#
Pfad 1	✓		✓			h	h						
Pfad 2	✓			✓		u		h	h				
Pfad 3	✓		✓	✓		h	u	h	u/h				
Pfad 4	✓			✓	✓	u		u/h	h				
Pfad 5	✓	✓	✓			o/h	h						

Legende:

P#	= Prozeßnummer
V#	= Verzweigungsnummer
Var#	= Variablennummer
✓	= wird durchlaufen
h	= horizontal
u	= unten
o	= oben

Abb. 18: Dokumentation der getesteten Pfade.

Die nachstehenden Abbildungen zeigen im Flowgraph die einzelnen Pfade. Zuerst wählen wir den kürzesten Pfad durch das System.

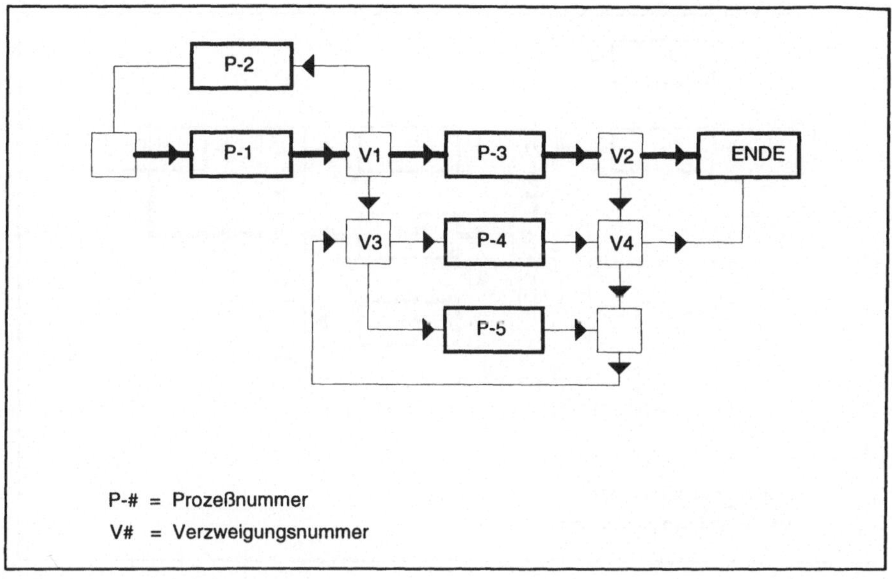

Pfad 1: Prozeß 1
Verzweigung 1 horizontal
Prozeß 3
Verzweigung 2 horizontal
Ende

Abb. 19: Pathtest – ein Beispiel – Pfad 1.

Danach wählen wir jenen Pfad, der durch minimale Änderungen der Variablenwerte ermöglicht wird.

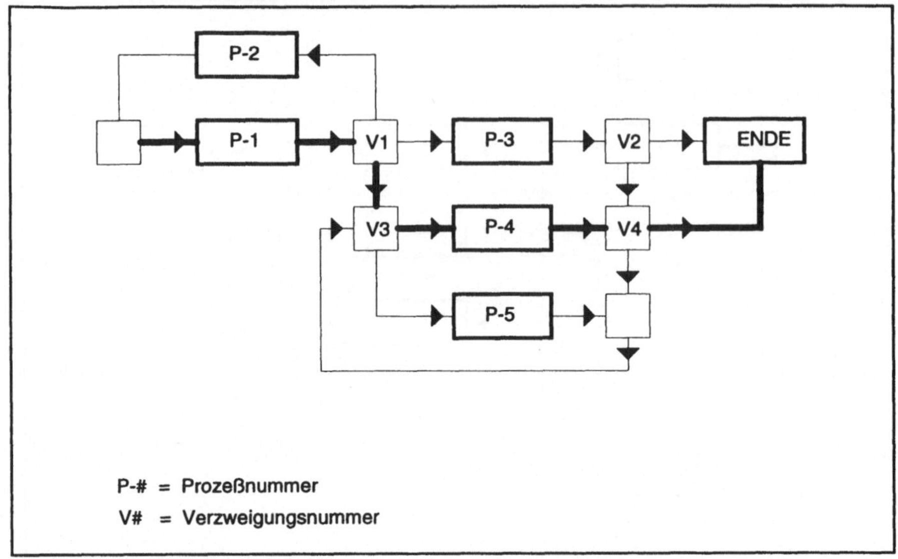

Pfad 2: Prozeß 1
Verzweigung 1 unten
Verzweigung 3 horizontal
Prozeß 4
Verzweigung 4 horizontal
Ende

Abb. 20: Pathtest – ein Beispiel – Pfad 2.

Durch weitere Änderungen der Variablen ergibt sich der nächste Pfad.

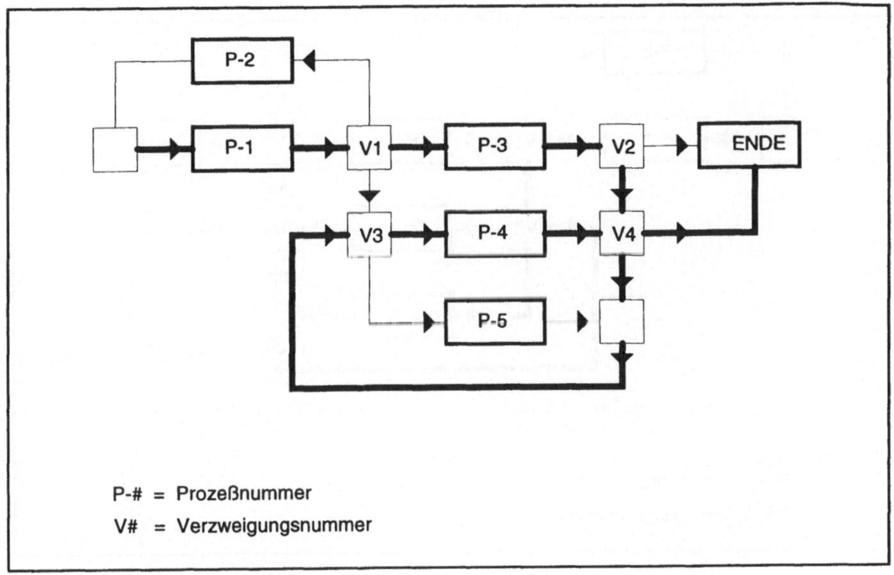

Pfad 3: Prozeß 1
Verzweigung 1 horizontal
Prozeß 3
Verzweigung 2 unten
Verzweigung 4 unten
Verzweigung 3 horizontal
Prozeß 4
Verzweigung 4 horizontal
Ende

Abb. 21: Pathtest – ein Beispiel – Pfad 3.

Durch weitere Änderungen der Variablen ergibt sich der nächste Pfad.

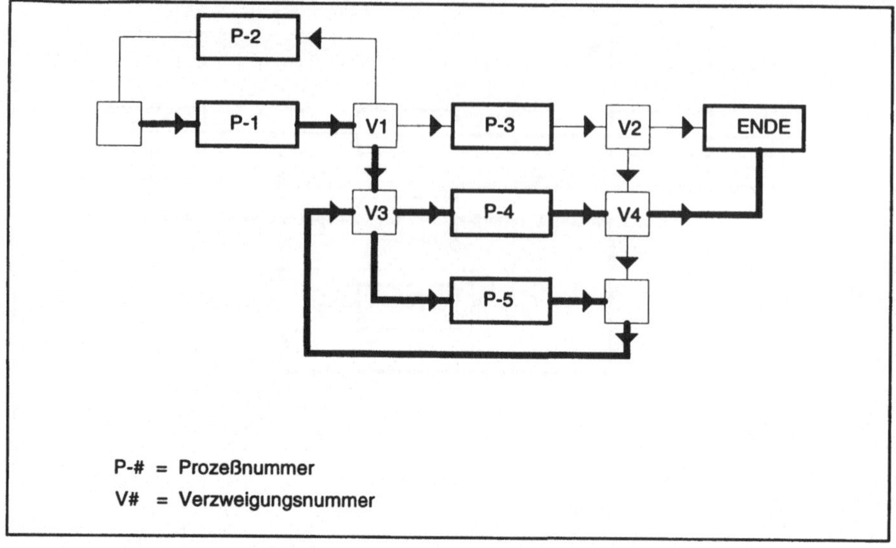

Pfad 4: Prozeß 1
Verzweigung 1 unten
Verzweigung 3 unten
Prozeß 5
Verzweigung 3 horizontal
Prozeß 4
Verzweigung 4 horizontal
Ende

Abb. 22: Pathtest – ein Beispiel – Pfad 4.

Durch weitere Änderungen der Variablen ergibt sich der letzte mögliche Pfad.

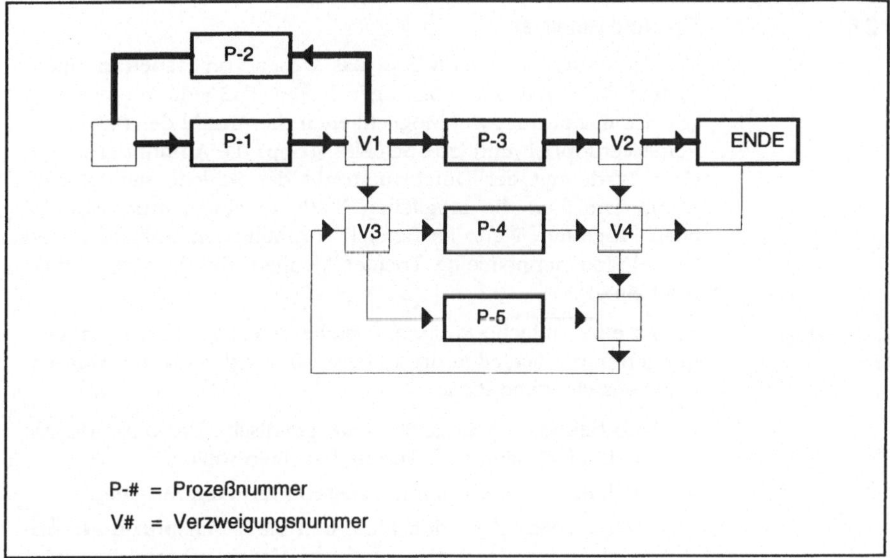

Pfad 5: Prozeß 1
Verzweigung 1 oben
Prozeß 2
Verzweigung 1 horizontal
Prozeß 3
Verzweigung 2 horizontal
Ende

Abb. 23: Pathtest – ein Beispiel – Pfad 5.

10.2.6 Tips und Hinweise

Vorweg einige Gedanken über das Wesen von Pfaden in einem System. Man muß sich vor Augen halten, daß jede Verzweigung (Decision) mit nur zwei Möglichkeiten die Anzahl der möglichen Pfade verdoppelt und jede Schleife (Loop) die Anzahl der möglichen Pfade mit der Durchlaufanzahl der Schleife multipliziert. Damit erreichen die möglichen Pfade in einem durchschnittlichen Programm Werte im Bereich von Millionen, Milliarden und „urviel“ (so nennt meine Tochter Mengen, die ihr absurd groß erscheinen).

Die Vielzahl der Pfade

So hat eine einfache Routine, bestehend aus 5 binären Verzweigungen und 2 Schleifen die 10 bzw. 20 mal durchlaufen werden, 6.400 verschiedene Pfade.

Deshalb bekommen Sie jetzt einige praktische Hinweise, die Sie als „Pfadfinder“ beim Path Testing beachten sollten.

- Wählen Sie zuerst den **kürzesten Pfad** zum Ausgang.
- Wählen Sie zuerst den Pfad, den Sie durch **minimale Änderung** (z.B. Änderung nur einer Variablen) erreichen können.
- Bevorzugen Sie **einfache Pfade** gegenüber komplizierten Pfaden, auch wenn dies bedeutet, mehr Pfade als unbedingt notwendig zu gehen.
- Favorisieren Sie **funktional wichtige** Pfade gegenüber funktional weniger wichtigen Pfaden.
- Vertrauen Sie Ihrer **Intuition,** und gehen Sie jene Pfade, in denen Sie die Fehler vermuten.

10.2.7 Untestbare Pfade

Es gibt eine Reihe von untestbaren Pfaden. Ich möchte mich hier mit zweien beschäftigen, die in der Praxis häufig vorkommen.

1. Abhängige Verzweigungen

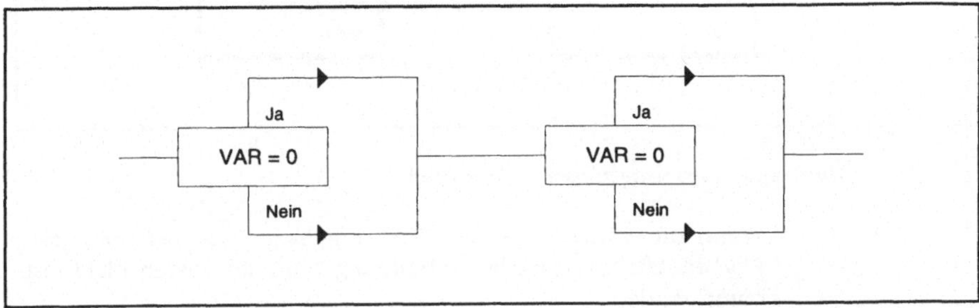

Abb. 24: Abhängige Verzweigung.

Obige Darstellung zeigt eine solche „Abhängige Verzweigung". Solange sich der Wert von VAR nicht ändert, sind statt der theoretischen vier Pfade – zwei binäre Verzweigungen ergeben vier mögliche Pfade – nur zwei Pfade sensibilisierbar. Die folgenden Abbildungen zeigen beide möglichen Pfade auf.

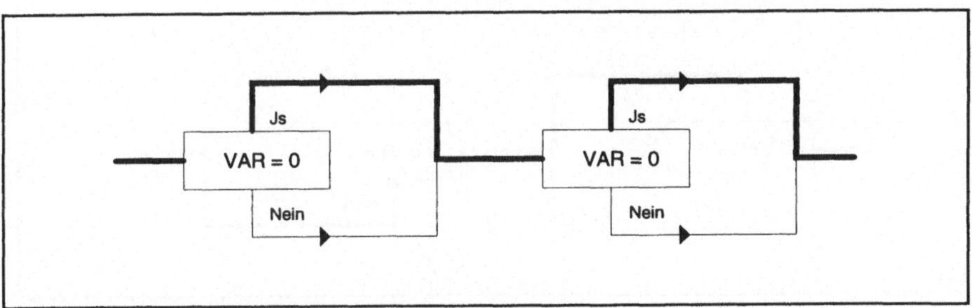

Abb. 25: Abhängige Verzweigungen – Ja-Pfad.

Wenn die Variable VAR den Wert Null hat, ist nur dieser Pfad möglich.

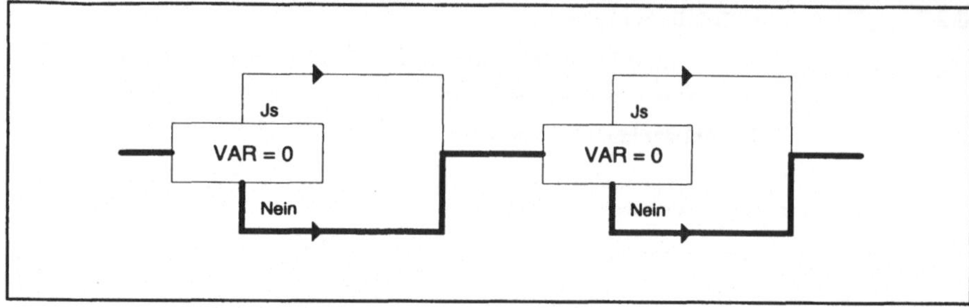

Abb. 26: Abhängige Verzweigungen – Nein-Pfad.

Wenn die Variable VAR den Wert ungleich 0 hat, ist nur dieser Pfad möglich. Die nächste Abbildung zeigt die beiden nicht testbaren Pfade.

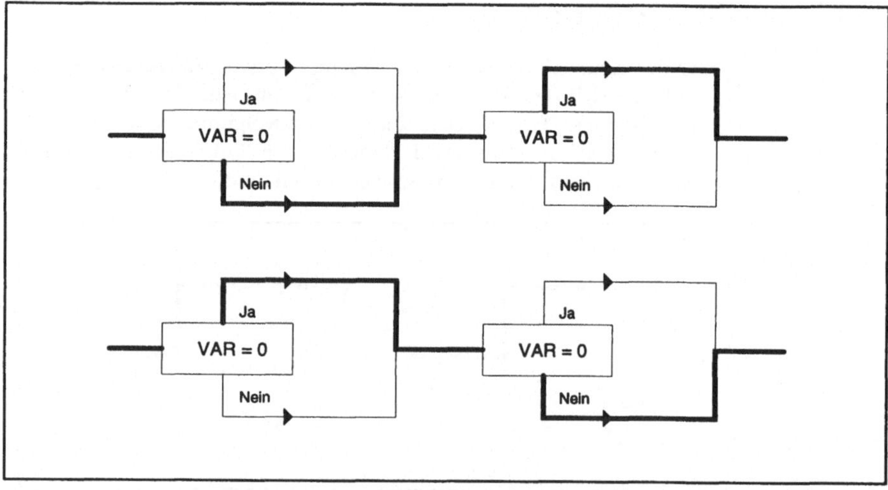

Abb. 27: Abhängige Verzweigungen – nicht testbare Pfade.

Wie kommt es zu solchen Dingen? Einfache Antwort; durch unsaubere Programmierung. Es gibt zwei Möglichkeiten:

- Die Variable VAR kann zwischen den beiden Abfragen den Wert nicht ändern, dann sind die beiden Abfragen durch einen Unterprogrammaufruf zu ersetzen, und das Problem ist einfach und übersichtlich gelöst.

- Es besteht die Möglichkeit, daß die Variable VAR den Wert ändert, dann hat sie aber auch eine andere Bedeutung und sollte daher auch im Sinne der Übersichtlichkeit einen anderen Namen bekommen.

2. Multi-Entry / Multi-Exit Komponenten

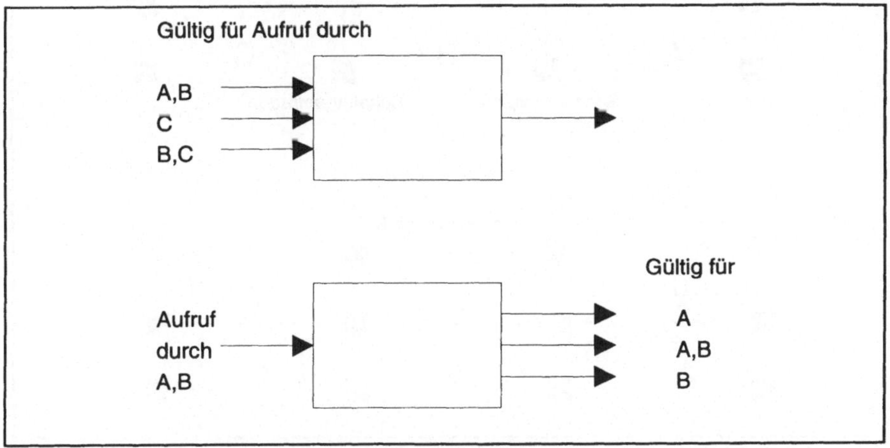

Abb. 28: Multi-Entry- / Multi-Exit-Komponenten.

Solche Multi-Entry und Multi-Exit Komponenten kommen in Programmen öfter vor, als man glaubt. Multi-Entry Komponenten sind potentielle Sprungadressen, d.h. sie können theoretisch von jedem Punkt des Programmes angesteuert werden. Sie sind daher im White Box-Testverfahren **untestbar**.

Typischer Vertreter einer Sprache, die Multi-Entry- und Multi-Exit-Komponenten unterstützt, ist BASIC. In BASIC ist jede Programmzeile eine potentielle Sprungadresse. Aber auch in anderen Programmiersprachen kommen solche Multi-Entry und/oder Multi-Exit Komponenten vor. Sie sind dann hausgemacht. Die nächste Abbildung zeigt, wie sie entstehen.

Schaltersteuerung

Die folgende Programmiertechnik ist weit verbreitet: An einer Stelle im Programm wird ein sogenannter Schalter (Variable) gesetzt, der dann später im Programm abgefragt wird. Abhängig von der Schalterstellung nimmt die Weiterverarbeitung den entsprechenden Verlauf (d.h. es wird ein ganz bestimmter Pfad durchlaufen).

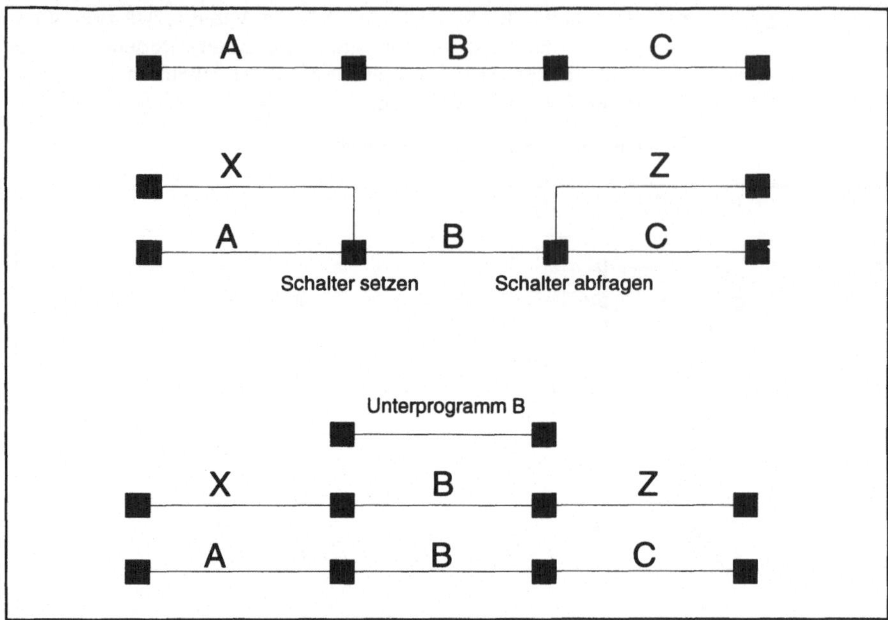

Abb. 29: Multi-Entry- / Multi-Exit-Komponenten – wie sie entstehen.

Die dadurch entstehenden Multi-Entry und Multi-Exit Komponenten können einfach umgangen werden, indem ein Unterprogramm an der entsprechenden Stelle aufgerufen wird. Es entstehen dadurch eindeutige Pfade, und Testen ist nun wieder möglich. Viele Programmierer verteidigen ihre „Schaltertechnik" mit dem Argument, daß dadurch die Performance der Programme verbessert wird. Dieses Argument ist aber nur bedingt gültig. Je weiter weg ich vom „Inneren" des Computers bin – und ein Anwendungsprogramm ist meist sehr weit weg – desto geringer ist die Auswirkung der Unterprogrammtechnik auf die Performance.

10.3 Loop Testing

10.3.1 Einleitung

Looptesten ist eine typische Methode für den „White Box-Test". Sie wird daher vorwiegend im Modul- oder Unittest angewendet. Loops (auch Schleifen genannt) sind im eigentlichen Sinne **nur** Pfade durch das System. Sie haben jedoch gewisse Eigenarten (mehrmaliges, begrenztes Durchlaufen derselben Instruktionen), so daß eine eigene Testmethode dafür entwickelt wurde.

Einer meiner Schulprofessoren demonstrierte einmal seine Toleranz und Weltoffenheit durch folgenden Ausspruch: *„Es gibt nur zwei Arten von Maßsystemen – das metrische System und das unmögliche System."* Ich möchte nun in seine Fußstapfen treten und gebe folgendes Statement ab: *„Es gibt nur zwei Arten von Loops – einfache Loops und Horrorloops."*

einfacher Loop

Ein einfacher Loop kann mit zwei Testfällen getestet werden. Er wird durchlaufen, oder er wird nicht durchlaufen. Die Praxis zeigt aber leider, daß viele auf den Loop zu beziehende Fehler dadurch nicht erkannt werden. Viele der Fehler liegen nämlich – so wie bei den Bereichen (Domain, siehe auch Kapitel 10.4 *Domain Testing* auf Seite 80) – an den Grenzen. Grenzen beim Loop sind der Startwert (Minimum = der Wert, der das erstmalige Durchlaufen der Schleife bewirkt) und der Endwert (Maximum = der Wert, der das letztmalige Durchlaufen der Schleife bewirkt).

Was sind typische Loops (Programmschleifen)? Denken Sie an ein Listprogramm, das eine Artikelstatistik erstellt. Eine Schleife bewirkt zum Beispiel, daß nach einer gewissen Anzahl von Einzelzeilen auf eine neue Seite vorgeschoben wird und vor der nächsten Einzelzeile die Überschriften gedruckt werden. Dieser Vorgang wird in der EDV mit dem Schlagwort „**Seitenwechsel**" bezeichnet. Eine andere Schleife bewirkt, daß die Summen je Artikelgruppe (bei einem Installateur z.B. Badewannen) ermittelt werden. In dieser Schleife werden solange die einzelnen Werte summiert, bis ein Artikel der nächsten Artikelgruppe (z.B. Waschbecken) kommt. Dieser Vorgang wird in der EDV als „**Gruppenwechsel**" bezeichnet. Im Kapitel 8.2 *Fehlertypen* auf Seite 31 haben wir schon darauf hingewiesen, daß diese Gebiete besonders fehlerträchtig sind. Dies ist für uns ein Grund, sich mit der Methode des Looptests zu beschäftigen. Anzumerken ist aber, daß bei kaufmännischen Anwendungen – im Gegensatz zu technischen Applikationen – die Loops meist einfach sind.

10.3.2 Definitionen

In der untenstehenden Abbildung sehen sie einen Loop als Flowgraph dargestellt.

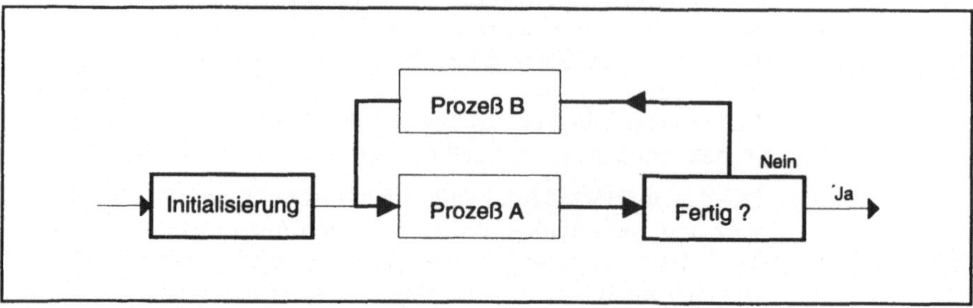

Abb. 30: Einfacher Loop.

Beim Startpunkt eines Loops – dem Minimum – beginnt die Verarbeitung des Prozesses A. Sie wird so lange wiederholt, bis der Endpunkt – das Maximum – erreicht wird. Wenn wir wieder das vorher erwähnte Beispiel des Seitenwechsels heranziehen, dann bedeutet dies: Es werden solange Einzelzeilen gedruckt, bis die maximal mögliche Zeilenanzahl pro Seite erreicht wird.

10.3.3 Tips und Hinweise

Sie erinnern sich: Fehler in Schleifen treten meist an den Grenzen auf. Deshalb wählen wir Testfälle der nachstehenden Art:

Fehleranfällige Werte (unsere Lieblingswerte)

- Null
- Eins
- Zwei
- Maximum - 1
- Maximum

Typischer Loopwert

- gültiger Wert innerhalb der erlaubten Anfangs- und Endwerte des Loops

Unmögliche Werte (auch noch Lieblinge)

- negativer Wert
- Maximum + n

Es sind also je Loop mindestens acht Testfälle zu generieren und auszuführen.

10.3.4 Komplexe Loops

Neben dem einfachen Loop gibt es aber auch noch verkettete und verschachtelte Loops. Die nächsten beiden Abbildungen zeigen solche Loops in Flowgraphform.

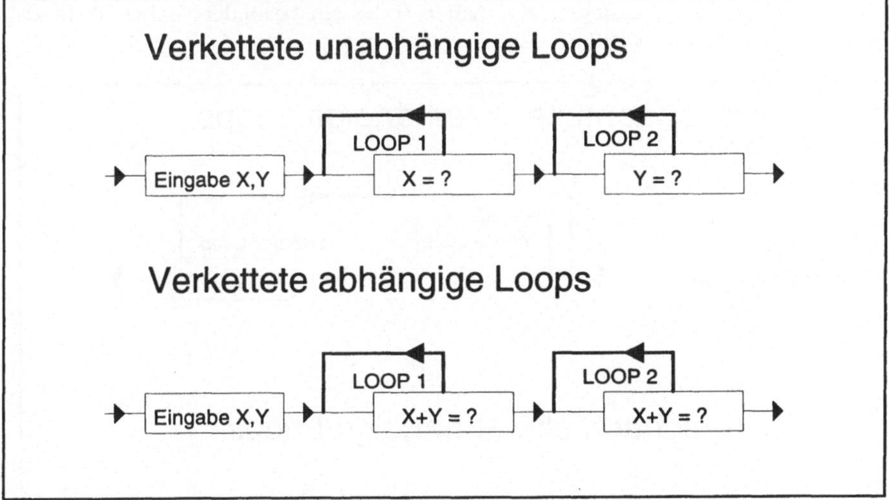

Abb. 31: *Verkettete Loops.*

Bei verketteten unabhängigen Loops ergibt dies 8 Tests je Loop – also insgesamt 16 Testfälle. Ganz anders sieht es dagegen bei den verketteten abhängigen Loops aus. Hier haben wir bereits beim ersten Loop 8 mal 8 = 64 Testfälle durchzuführen. In solchen Fällen ist es angebracht, die Frage zu stellen, ob dieser spezielle Loop nicht durch eine einfachere Konstruktion ersetzt werden kann. Dieses Beispiel zeigt eine wichtige Aufgabe des Testers im Entwicklungsprozeß auf. Er soll dafür sorgen, daß die Programme einfach bleiben und damit testbar werden.

Bei verschachtelten unabhängigen Loops haben wir wieder 8 mal 8 = 64 Testfälle. Es gilt auch hier das gleiche wie vorher: Komplexität führt de facto zur Untestbarkeit. Wie anders sollen wir denn das Faktum beurteilen, daß dieser verschachtelte abhängige Loop bereits 4.096 Testfälle verträgt?

Was ist zu tun, wenn Sie in freier Wildbahn plötzlich einem Loop-Monster gegenüberstehen?

- Überprüfen Sie nur jene Kombinationen, die besonders kritisch sind.
- Vertrauen Sie Ihrer (bösartigen) Intuition.
- Testen Sie nur dann intensiver, wenn Sie wirklich gute Gründe dafür haben (oder ein besonders hohes Testbudget).

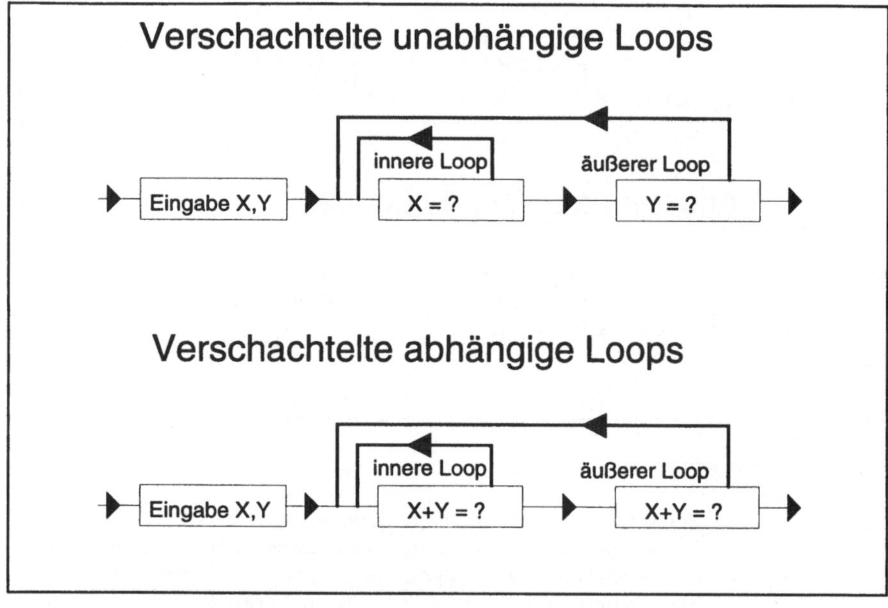

Abb. 32: Verschachtelte Loops.

Wie bereits angedroht, gibt es neben den verketteten und verschachtelten Loops noch die Gruppe der „Horrorloops“. Auf der nächsten Seite sehen Sie ein solches Exemplar.

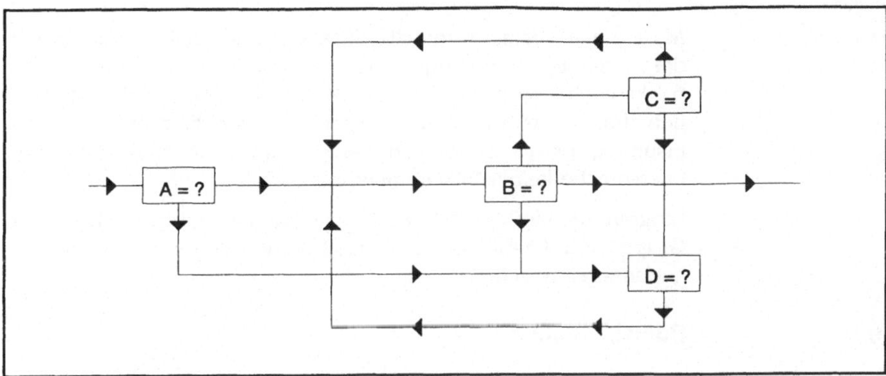

Abb. 33: *Horrorloop.*

Sie werden nun sicher sagen: *„Solche Loops gibt es bei uns nicht!“* Vielleicht stimmt das sogar. Es gibt aber auch Horrorloops „im Schafspelz“, die sehr häufig (wahrscheinlich auch in Ihren Programmen) vorkommen. Die nachstehende Abbildung zeigt den „simplen“ Horrorloop.

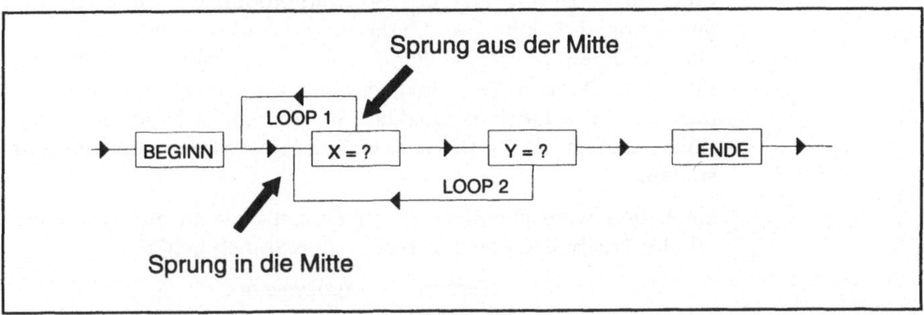

Abb. 34: *Einfacher Horrorloop.*

Ursache ist unstrukturierte Programmiertechnik. Besonders COBOL-Programme sind eine Fundstelle dieser Programmiertechnik. Das bei Programmierern so beliebte (wenn auch verleugnete) GOTO-Statement verlockt dazu, aus einer Schleife herauszuspringen oder in eine bestehende Schleife zu verzweigen; nicht zu verwechseln mit dem Sprung an das Ende der Schleife bei Eintritt einer bestimmten Bedingung.

Als die erste Version von dBASE auf den Markt kam, hatten wir die Aufgabe, einer Gruppe von Programmierern diese Datenbanksprache vorzustellen. Mein Mitarbeiter Franz Grill (Sie kennen ihn bereits aus dem Vorwort) trug vor. Er wurde beinahe insultiert, als die Zuhörer erkannten, daß es in dieser Programmiersprache kein `GOTO`-Statement gibt.

Programme bloß mit `DO WHILE` erstellen zu müssen, schien der Gruppe ein Angriff auf ihre angeborenen Grundrechte als Programmierer zu sein.

10.4 Domain Testing

10.4.1 Einleitung

Hier handelt es sich um eine Testmethode für funktionales Testen, die sich mit numerischen Wertebereichen beschäftigt. Diese Testmethode zielt auf die numerischen Eingabevariablen.

Kennzeichen für Software-Qualität

Merken Sie sich diese Methode. Nicht zufällig steht sie an erster Stelle: Wir sind nämlich der Meinung, daß sie in jedem Fall durchzuführen ist. Sie bringt Ihnen in kürzester Zeit einen Eindruck von der Qualität des Softwareproduktes. Die Erfahrung lehrte uns, daß Software, die diesen Test gut überstand, auch bei allen anderen Tests gute Figur machte. Dagegen war Software, die beim Domain Test unakzeptabel war, auch insgesamt betrachtet von schlechter Qualität. Sie können sich unsere Erfahrung beruhigt als Vorurteil aneignen. Das wird Ihnen viel Zeit sparen.

Sie haben wahrscheinlich schon einmal – wenn ein Programm falsche Ergebnisse geliefert hatte – den Spruch gehört:

Garbage in – garbage out

(Wer Mist eingibt erhält auch Mist als Ergebnis)

Mit dieser klassischen Antwort des Softwareproduzenten auf Beschwerden des Anwenders versucht er, die Verantwortung für die Plausibilität und Korrektheit der eingegebenen Daten beim Anwender festzumachen. Grundsätzlich hat er auch recht damit. Er hat aber die Eingabedaten auf Plausibilität zu prüfen und damit Fehleingaben zu verhindern. Das ist machbar und heute „State of Art“. Und genau darauf zielt die Testmethode ab. Auch die Möglichkeit von Feldüberläufen wird hier getestet (d.h. es können mehr Stellen einer Zahl eingegeben werden, als am Bildschirm oder auf der Liste dargestellt werden).

Aus der Praxis wissen wir, daß wir von der „Programmkultur" der Eingabeprogramme (z.B. von Stammdatenwartungsprogrammen) auf den Gesamtzustand des Softwarepaketes schließen können. Programme, die unsinnige Eingaben durchlassen, werden auch nur Unsinn produzieren. Es ist aber nicht alleinige Verantwortung des Anwenders, den Unsinn von seiner Datenbank fernzuhalten. Dazu ist auch der Softwarehersteller im Rahmen seiner Möglichkeiten verpflichtet.

0.4.2 Definitionen

Nun zur Testmethode selbst. Unter *Domain* verstehen wir Wertebereiche. Von der Theorie her unterscheiden wir z.B. bei eindimensionalen Bereichen folgende Bereichsarten:

- *Beidseitig geschlossener Bereich.*
  Sowohl der Minimum- als auch der Maximumwert sind gültige Werte des Bereiches.
- *Einseitig offener Bereich.*
  Entweder das Minimum oder das Maximum ist Teil des gültigen Wertebereiches.
- *Beidseitig offener Bereich.*
  Weder Minimum noch Maximum sind gültige Werte des Bereiches.

Die nachstehende Abbildung zeigt einen solchen eindimensionalen Bereich mit den drei angeführten Ausprägungen.

Wozu all die Theorie? Denken Sie bitte daran, daß es sowohl den Wert +0 (positiv Null) als auch den Wert -0 (negativ Null) gibt. In diesem Fall ist Null als Minimum oder Maximum eine sehr lästige Grenze. Darüber hinaus ist Null auch dann eine lästige Grenze, wenn programmintern mit Floating Point gearbeitet wird.

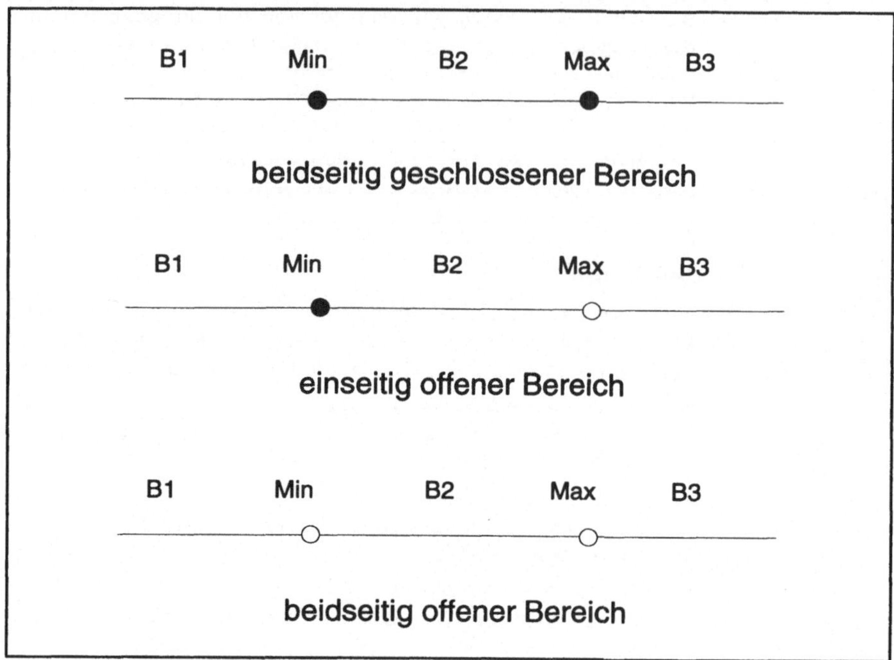

Abb. 35: Eindimensionale Bereiche.

10.4.3 Tips und Hinweise

Die Praxis zeigt, daß bei Bereichen die Fehler zu Fehlergruppen zusammengefaßt werden können. Es ist daher sinnvoll, sich beim Test auf folgende Gruppeneigenschaften zu konzentrieren:

- Die meisten Fehler treten an der Grenze des Wertebereiches auf.
- Viele Fehler entstehen dadurch, daß die Grenzen falsch abgefragt werden. Die Bedingung `NOT (X > 0)` ist nicht gleich der Bedingung `X < 0` usw.
- Viele Fehler treten auf, wenn Wertebereiche Löcher aufweisen (z.B. gültig wäre 1 bis 3 und 5 bis 7) bzw. überdefiniert sind (z.B. gültig wäre 1 bis 6 und 4 bis 9).

Gerade der letzte Punkt ist ein Sorgenkind des Testers. Ich möchte ein Beispiel dafür bringen, wie ein solcher löchriger oder überdefinierter Wertebereich verbal an den Programmierer herangetragen wird. Herangetragen mit der Bitte, das beschriebene Problem in ein Programm umzusetzen, das dann den verwirrenden Sachverhalt immer korrekt auflöst. Das folgende Beispiel ist ein alter steuerlicher Gesetzestext, der dem Programmierer zweifachen Ärger brachte. Erst ärgerte er sich über die Politiker – die Väter der unverständlichen Programmieranweisung – und dann über die Fehler, die im Test auftauchten.

Beispiel Gesetzestext

Beträgt die Einkommensteuer vor Abzug des Kinderzuschlages (Abs. 4) weniger als 3.000,--, so ermäßigt sich der zu erhebende Betrag um den Unterschiedsbetrag zwischen 3.000,-- und der Einkommensteuer.

Die in den Abs. 3 bis 7 vorgesehenen Abzüge mit Ausnahme des Kinderzuschlages (Abs. 4) sind insgesamt nur bis zur Höhe der nach Abs. 1 und 2 berechneten Steuer zu berücksichtigen. Wirkt sich der Kinderzuschlag im jeweiligen Lohnzahlungszeitraum nicht zur Gänze aus, so ist der Differenzbetrag durch den Arbeitgeber auszuzahlen.

Umsetzung in Entscheidungstabelle schwierig

Beim Versuch, aus diesen Angaben eine Entscheidungstabelle zu konstruieren, wird man gehörig ins Schwitzen kommen. Aber ebenso verwirrend wie politisch motivierte Programmvorgaben sind verkäuferorientierte Programmschleifen. Im (nur zu verständlichen) Interesse ihres Umsatzes werden Preis-, Rabatt- und Provisionsmodelle entwickelt, die an Komplexität kaum zu überbieten sind.

Daher ein Tip: Achten Sie bei der Beschreibung der Bereichsdefinitionen auf Worte wie *...,aber, nicht dann wenn, mit Ausnahme von, ausgenommen* usw. Sie werden sehen, wenn Sie sich auf diese Wertebereichsgrenzen beim Testen konzentrieren, werden Sie reiche Fehlerernte halten.

Entscheidungstabellen sind ein „Muß" beim Design und bei der Programmierung komplexer Anwendungen. Lassen Sie sich diese Tabellen geben. Sind sie nicht vorhanden, so können Sie davon ausgehen, daß Ihnen die Fehler wie reife Früchte in den Schoß fallen werden. Wahrscheinlich hat sich dann niemand gründlich überlegt, wie das Problem strukturiert dargestellt werden kann. Diese Überlegung ist aber Voraussetzung für die programmtechnisch korrekte Umsetzung.

Die nächste Abbildung zeigt an Hand eines zweidimensionalen Bereiches, wo die Schwachstellen sind und an welchen Punkten Sie erfolgversprechende Testfälle – also jene, die Fehler aufdekken – durchführen sollten.

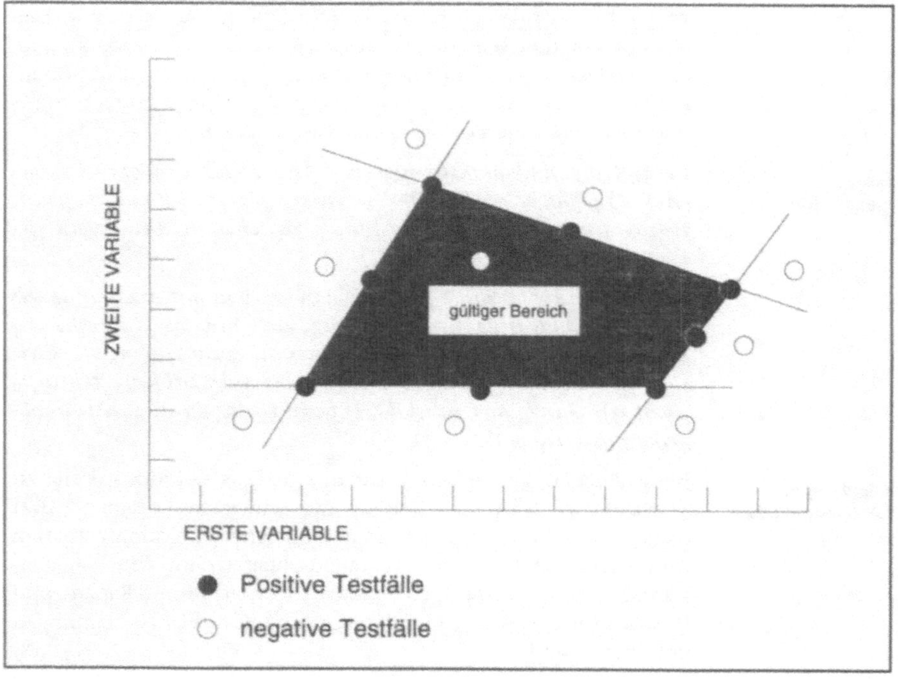

Abb. 36: Zweidimensionaler Bereich.

Nehmen wir an, das Feld PROZENT hat einen gültigen Wertebereich von + 0,00 bis + 100,00. Unsere Testfälle für den Domaintest dieses Feldes könnten daher wie folgt aussehen:

- 4,00	*- 0,00*	
+ 0,00	**+ 20,23**	**+ 100,00**
+ 100,01	*+ 102,25*	

Die kursiv geschriebenen Testfälle lösen (hoffentlich) eine Fehlermeldung des Programmes aus, die fett gedruckten sollten glatt durchlaufen.

10.5 Syntax Testing

10.5.1 Einleitung

Syntaxtesten ist eine Testmethode, die vor allem bei funktionalen Tests eingesetzt wird. Es handelt sich um eine Testmethode für den „Black Box Test". Wie ich bereits im Kapitel 10.4 *Domain Testing* auf Seite 80 erläutert habe, *müssen* Eingaben in das System geprüft werden. Im Gegensatz zum Domaintest beschäftigt sich der Syntaxtest aber nicht nur mit numerischen Werten, sondern auch mit alphanumerischen Werten.

Der Syntaxtest wird häufig in folgenden Programmbereichen eingesetzt:

- *Interface zwischen Anwender und Programm*; also an der Schnittstelle zwischen dem Anwender und der Anwendung – im Regelfall sind dies die Bildschirmeingaben.
- *Unterprogrammaufruf* und *Rücksprung aus dem Unterprogramm.*
- Schnittstelle zu einem anderen Programm; sogenannter *Batcheingang.*
- *Übertragungsprotokoll*; wie zum Beispiel das Interface Computer – Drucker.

Feste Regeln für die Eingabe

All diesen Schnittstellen ist eines gemeinsam. Die Daten müssen in einer genormten Form (Syntax) von einem Modul ins andere übergeben werden. Genormte Form bedeutet – sie entsprechen den gültigen Regeln. Denken Sie an Parameter, die z.B. nur den Wert „J" oder „N" annehmen dürfen, oder andere Parameter, deren erlaubter Wert nur „0" oder „1" sein darf. Letzterer Fall könnte auch als *Domain* betrachtet werden – nämlich als Wertebereich innerhalb der Grenzen +0 und +1.

10.5.2 Tips und Hinweise

Worauf ist beim Syntaxtest zu achten? Nachstehende Abbildung zeigt den Aufbau einer Telefonnummer. Sie ist hierachisch aufgebaut. Die Basis sind einzelne Felder, die zu Gruppen – und diese wiederum zu Übergruppen – zusammengefaßt werden.

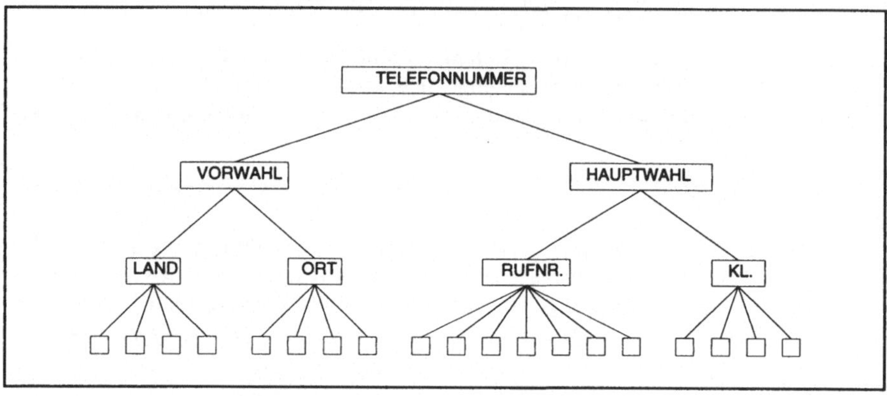

Abb. 37: Syntaxtest – Beispiel Telefonnummer.

Je nach Anwendung gibt es bestimmte Regeln für gültige und ungültige Telefonnummern. So könnte es z.B. folgende Regeln geben:

- die ersten beiden Stellen *Land* müssen „00" sein,
- die erste Stelle *Rufnummer* muß > „0" sein.

Testfall-Design

Beim Design der Testfälle beachten Sie bitte folgendes:

- Beim ersten Testfall Stufe für Stufe und Feld für Feld innerhalb der Stufe.
- Keine ungültigen Werte in die höheren oder niedrigeren Hierarchiestufen eingeben.
- Für jedes Feld sind Testfälle zu entwerfen, die
  - eine **falsche Syntax** haben,
  - **keinen Wert** haben (Leereingaben) und
  - die **Feldlänge überschreiten**.
- **Kombinationen** bitte erst dann ausprobieren, wenn singulär keine Fehler aufgetreten.
- Bei Kombinationen **maximal zwei Fehleingaben** gleichzeitig.

10.6 Transaction Flow Testing

10.6.1 Einleitung

Transaction Flow Testing ist eine Testmethode für den Systemtest. Sie ist die klassische Methode des „Black Box-Test". Es handelt sich um eine funktionale Art des Testens, die eine strukturierte Testmethode (Path Testmethode) verwendet. Zur Untersuchung zugekaufter Standardsoftware ist es oft die einzige Möglichkeit des Testens. Eine Transaktion in der hier verwendeten Bedeutung ist ein Prozeß, der eigenständig einen Teil jenes Problemes löst, für das die Software geschrieben wurde.

Die Vorgehensweise im einzelnen:

- Zuerst einmal haben wir die Aufgabe, die in der Anwendung ablaufenden Transaktionen zu erkennen, zu isolieren und zu analysieren (sagt sich leichter, als es getan ist).
- Danach werden diese Transaktionen in einem Flowgraph dargestellt.
- Nun betrachten wir dieses Flowgraph unter denselben Gesichtspunkten wie das Flowchart eines Programms.
- Es können nun die Testmethoden Path Testing und Loop Testing angewendet werden.

Transaktionen in unserem Sinne sind nicht Vorgänge, die mit der Eingabe in das System beginnen und mit der Speicherung und Verarbeitung bzw. Ausgabe durch das System enden. Es sind Vorgänge, in die der Anwender eingebunden ist, und es werden auch Aktivitäten eingeschlossen, die sich außerhalb der EDV-Anwendung abspielen. Daher kommen Loops im eigentlichen Sinne nicht oder nur sehr selten vor. Kommen sie dennoch vor, dann kann man sie in den meisten Fällen mit dem Wort „Bürokratie" charakterisieren.

10.6.2 Definitionen

Eine Transaktion enthält von der Sprachwurzel her die Elemente Verwandlung und Dynamik. Beim Versuch, die Transaktionen im System zu erkennen und zu isolieren, halten Sie sich an diese Wurzel. Die Verwandlung soll als Ergebnis einem klaren Begriff zugeordnet werden können. Umsatzsteuerberechnung, Skontozuordnung, Lagerabbuchung, Faktura sind Beispiele tauglicher Transaktionen.

Einzelne Transaktionen werden zwar in Form eines Flowgraphs dargestellt. Es werden sogar die entsprechenden Elemente zur Darstellung verwendet (wie in Kapitel 10.2.2 *Systemdarstellung mit Flowgraph* auf Seite 52 beschrieben). Sie tragen aber andere Bezeichnungen. Die nachstehenden Abbildungen zeigen Ihnen die einzelnen Elementsymbole und deren Bedeutung.

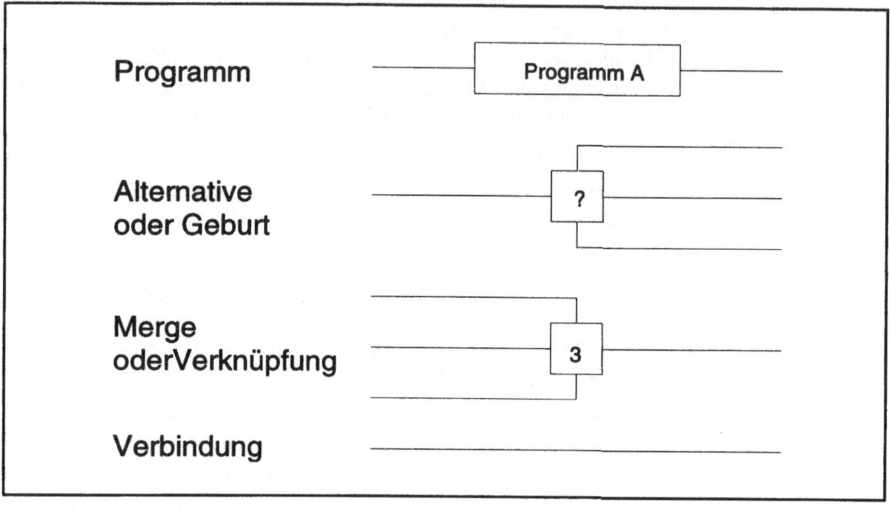

Abb. 38: *Elemente des Transactionflow.*

Im Gegensatz zum Prozeß sprechen wir hier von einem Programm bzw. Unterprogramm. Die Verzweigungen und Verknüpfungen treten jeweils in zwei Varianten auf. Wir sagen dann Alternativen oder Geburt bei den Verzweigungen, und wir unterscheiden bei den Verknüpfungen zwischen Merge und der eigentlichen Verknüpfung.

Diese Unterschiede wollen wir in den nächsten beiden Abbildungen verdeutlichen.

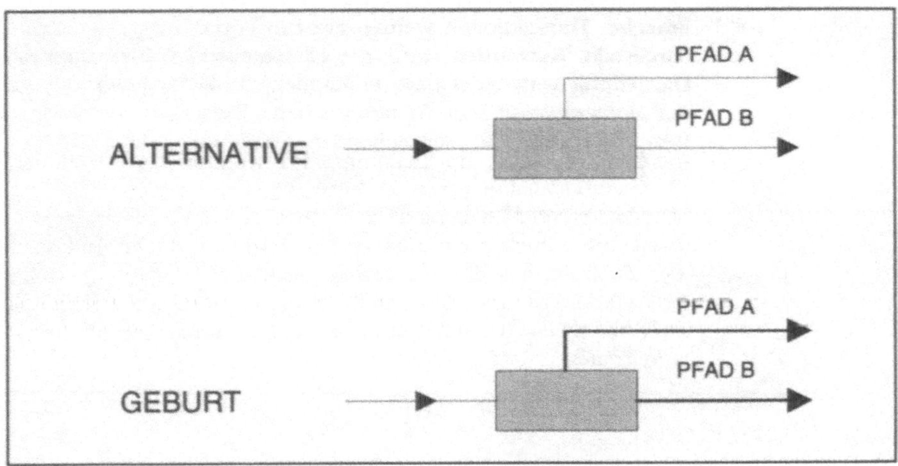

Abb. 39: *Alternative und Geburt.*

Alternative

Die Transaktion geht entweder den Pfad A oder den Pfad B, sie entspricht daher voll dem Begriff der Verzweigung im Programmflowgraph.

Beispiel: In einem Buchhaltungspaket haben Sie die Möglichkeit, sowohl Ausgangsrechnungen als auch Eingangsrechnungen mit demselben Programm zu erfassen. Der Ausweis der Umsatzsteuer in der Umsatzsteuervoranmeldung ist von der Rechnungsart (ob Eingangs- oder Ausgangsrechnung) abhängig. Sie wird auf der Umsatzsteuervoranmeldung entweder als (zu bezahlende) Mehrwertsteuer oder als (zu kassierende) Vorsteuer ausgewiesen. Die Transaktion, in unserem Fall die Rechnung, geht also entweder Pfad A oder Pfad B. Betrachten wir jede Zeile der Umsatzsteuervoranmeldung (verschiedene Zeilen je Mehrwertsteuersatz, Vorsteuer und Einfuhrumsatzsteuer) als eigenen Pfad, so sind sogar mehrere Pfade möglich.

Geburt

Die Transaktion wird gesplittet und erzeugt eine neue zusätzliche Transaktion. In diesem Fall sind beide Pfade beim Test zu verfolgen.

Beispiel: In einem Buchhaltungspaket werden die Buchungen der Sachbuchhaltung und die entsprechenden „Offenen Posten" der Personenbuchhaltung in zwei verschiedenen Dateien gespeichert. Beim Buchen einer Rechnung werden in diesem Fall nach der Buchung aus der Transaktion „Urbeleg = Rechnung" zwei Transaktionen. Eine Transaktion ist die Buchung im Buchungsstoff, die zweite Transaktion ist der „Offene Posten" in der Rechnungsdatei.

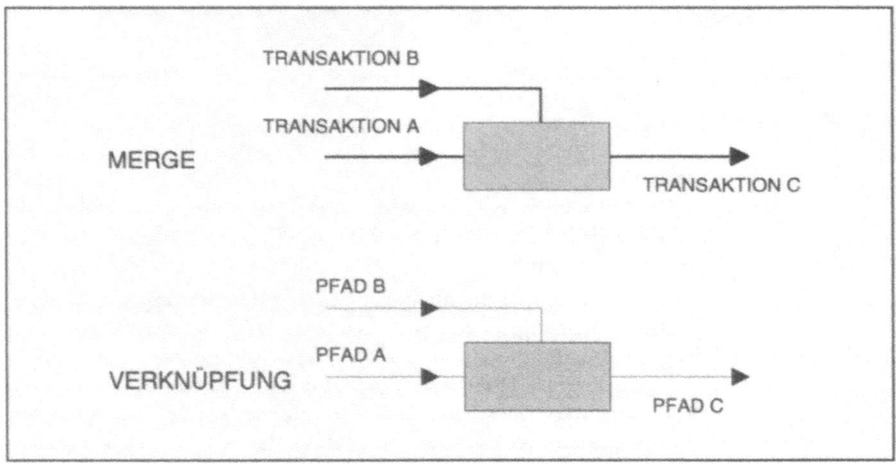

Abb. 40: *Merge und Verknüpfung.*

Merge

Die Transaktionen A und B werden entweder zur Transaktion C, oder eine der beiden Transaktionen geht verloren.

Beispiel: In einem Buchhaltungspaket haben Sie die Möglichkeit, Buchungen entweder manuell zu erfassen oder aus anderen Anwendungen (zum Beispiel aus der Fakturierung oder aus der Lohnverrechnung) zu übernehmen. Die einzelnen Buchungen werden in separaten Dateien gespeichert und erst bei der Journalisierung in einer gemeinsamen Buchungsstoffdatei gespeichert. Nehmen wir noch an, daß bei der Journalisierung auch eine fortlaufende Nummer vom System vergeben wird. Es wird also die Transaktion A (die manuell erfaßte Buchung) und die Transaktion B (eine Buchung aus der Lohnverrechnung) um die fortlaufende Nummer zu je einer Transaktion C ergänzt.

Verknüpfung
Die Transaktion kommt entweder über Pfad A oder über Pfad B in das Programm und läuft danach auf Pfad C weiter.

Beispiel: In einem Buchhaltungspaket haben Sie die Möglichkeit, Sachkonten zu budgetieren. Diese Budgetwerte werden in einer eigenen Datei verwaltet. Das Programm, das den Budgetvergleich liefert, verwendet nun die Transaktion A und B, um die Liste zu erzeugen. In unserem Fall wäre die Transaktion A der Istwert und die Transaktion B der Budgetwert.

10.6.3 Beispiel

Alle diese Beispiele zeigen ganz klar: Der Tester muß inhaltlich über das zu testende Paket bestens Bescheid wissen. Zwar muß er die Details der Programmierung nicht kennen, sehr wohl aber muß er die Struktur und den EDV-technischen Aufbau genauestens kennen. Darauf sind wir bereits im Kapitel 6.2 *Der Tester / Know-How-Profil* auf Seite 22 besonders eingegangen.

Beim Systemtest gibt es auch Transaktionen, die nicht nur ein einzelnes Programm betreffen, sondern zwei oder mehrere. Manche Transaktionen werden sogar über die Grenzen der eigentlichen EDV-Anwendung hinausragen.

Dazu das folgende Beispiel: Ein Versandhaus nimmt Kundenaufträge telefonisch an.

Diese Transaktion betrifft wahrscheinlich mehrere Programme, z.B. Kreditkartennummernprüfung und Erfassung der Aufträge. Für den Anwender ist dies nicht zu bemerken. Er hat ja nur eine einzige Erfassungsmaske vor sich.

Im System aber gibt es physisch zwei oder mehr Programme, die auch für andere Transaktionen verwendet werden. So wird vielleicht das Erfassungsprogramm auch für die Auftragserfassung von Nachnahmeaufträgen verwendet und ebenso für Kreditkartenaufträge.

Aktion	Beteiligte	Anmerkung
Erfragen Kundennummer	Mensch - Mensch	
Kennummer/Prüfung	Mensch - Maschine	
Kundennummer vorhanden	Maschine	Alternative
Erfragen Kreditkartennummer	Mensch - Mensch	
Eingabe Kreditkt.Nr./Prüfung	Mensch - Maschine	
Erfragen 1. Position	Mensch - Mensch	
Eingabe 1. Position	Mensch - Maschine	
Erfragen nächste Position	Mensch - Mensch	Subroutine
Eingabe nächste Position	Mensch - Maschine	
Ende Auftrag	Mensch - Mensch Mensch - Maschine	
Auftrag in Auftragsdatei	Maschine - Maschine	
Sortieren nach Lager	Maschine -Maschine	Geburt
Erstellen Lieferschein	Maschine - Maschine	
Ware zusammenstellen	Mensch	
Bereitstellen für den Versand	Mensch - Maschine	Merge
Druck Versandpapiere	Maschine	
Versand durchführen	Mensch	
Reklamation	Mensch - Mensch	

Abb. 41: Die Transaktionen der Beispiel-Anwendung Versandhaus.

Der Transaktionstest zeigt es überdeutlich: Fachspezifische Kompetenz und Applikationskenntnisse in Kombination sind ein **Muß**. Ein Ingenieur für Hochbau wird kein Buchhaltungspaket testen können, so wie umgekehrt ein Bilanzbuchhalter keine CAD Anwendung vernünftig testen kann.

Sie werden jetzt sagen: „Was denn sonst?“ In der Praxis wird das aber keineswegs so gehandhabt. Das führt zu kuriosen Situationen. Eben weil der Programmierer als Tester mißbraucht wird, eignet er sich zwangsläufig – nach der Methode „Trial and Error“ – fachspezifisches Wissen an. Sie finden plötzlich unter Programmierern hochkarätige Experten für Abgabenrecht, Vermessungswesen und medizinische Diagnostik, die den befugten Vertretern dieser Berufsstände in nichts nachstehen. Um der Wahrheit und der eigenen Erfahrung die Ehre zu geben; sie bringen die befugten Experten oft gehörig ins Schwitzen...

10.7 Eingabetest

10.7.1 Einleitung

Der Eingabetest ist eine Kombination aus den Testmethoden *Domain Test* und *Syntaxtest*. Er hat sich in der Praxis als sehr wertvoll und zielführend herausgestellt. Der Eingabetest zielt auf alle Dateneingabeprogramme und soll vor allem von den Anwendern im Zuge des System- oder Anwendertest angewendet werden. Softwareentwickler sollten eigentlich schon beim Unittest – spätestens aber beim Integrationstest – durch entsprechende Tests die Fehler im Eingabeprogramm entdeckt und eliminiert haben.

Der Eingabetest ist ein **Muß**. Er verhindert das Eindringen fehlerhafter Daten zum frühestmöglichen Zeitpunkt; noch bevor die falschen Daten im System Unheil anrichten können.

10.7.2 Ablauf

I Vorbereitung

Für jede zu testende Eingabemaske wird nachstehendes Formular erstellt:

In den Kopffeldern des Formulars werden die Anwendung, das Testgebiet, die Funktion, der Formatname (Bildschirmname) und das Datum eingetragen. Die bei Testgebiet und Funktion geforderten Identifikationen entsprechen den von Ihnen festgelegten Namenskonventionen (siehe Kapitel 12.2.1 *Testplanung / Einteilen der Testgebiete* auf Seite 118).

Für jedes Feld der Eingabemaske werden nachstehende Informationen eingetragen:

- **Nummer**: Nummer des Feldes.
- **Feld**: muß nicht der im Programm verwendete Name sein, sondern kann ein vom Tester frei wählbarer sprechender Name sein.
- **Typ**: je nach verwendeter Programmsprache unterscheiden wir zwischen numerischen und alphanumerischen Feldern. Es kann jedoch auch Felder vom Typ „Datum“, „Logic“ usw. geben.

Testprotokoll	Tester	Datum
Anwendung	Testgebiet Identifikation	Seite
Funktion Identifikation	Formatname Kurzname	

Nr	Feld	Typ	Länge	VZ	Gültige Werte	Meld	Help	Doku	Anz. TF
1	BEL-ART	A	3		lt. Firmenstamm				
2	BUC-DAT	N	6/0		gültige Periode				
3	KONTO	A	7		lt. Kontenstamm				
4	BETRAG	N	11/2		<> Null				
5	SH-KZ	A	1		S, H, nur Groß-buchstaben				

Abb. 42: Beispiel für das Ausfüllen eines Testprotokolls Eingabetest – 1.

- **Länge**: maximale Stellenanzahl. Bei numerischen Feldern geben wir noch zusätzlich die Anzahl der Dezimalstellen an. Ob bei numerischen Feldern die Feldlänge inklusive Dezimalstellen, Kommastelle, Tausenderpunkt angegeben wird oder nicht, ist je nach Anwendung verschieden und muß in den Standards angeführt sein.
- **Vorzeichen**: in unserem Beispiel bedeutet „J", daß negative Eingaben möglich sind. Keine Eingabe bedeutet, es sind nur positive Werte möglich.
- **Gültige Werte**: jene Werte, die als gültige Eingaben vom System zu akzeptieren sind.

Die Spalten **Meld**(ung), **Help**, **Doku**(mentation) und **Anz.TF** (Anzahl der Testfälle) werden erst bei der Durchführung des Tests vom Tester ausgefüllt.

Die Spalte *Gültige Werte* ist der zentrale Punkt des Eingabetests. Hier ist das fachliche und EDV-technische Know-How des Testers am Prüfstand. Aufgabe des Eingabetests ist es nämlich, fehlende Querprüfungen aufzuzeigen.

Denken Sie an ein Programm, in dem sie die aktuellen Fremdwährungskurse (nach Bankankaufs- und Bankverkaufskurs getrennt) erfassen können. Solange die formalen Voraussetzungen (Anzahl Dezimalstellen, Währungsbezeichnung, Umrechnungsfaktor) korrekt gegeben sind, ist das Programm zufriedengestellt. Vom Programm wird jedoch akzeptiert, daß der Bankverkaufskurs kleiner als der Bankeinkaufskurs ist. Als „Fachmann" aber wissen Sie, daß dies unmöglich ist und daß die beiden Kurse höchstens den gleichen Wert haben können (z.B. um Mittelkurse zu verwenden).

Die Auswirkung dieser fehlenden Prüfungen kann fatal sein. Denken Sie daran, daß z.B. beim Buchen von Rechnungen in Fremdwährungen diese automatisch bewertet werden und die Bewertung sich bis in die entsprechende Position der Bilanz auswirkt.

In der Spalte des Feldes VERK-KURS werden Sie als Tester daher stolz anmerken: „VERK-KURS muß >= ANK-KURS sein".

II Aufstellen der Testfälle

Nachdem die vorher erwähnte Tabelle ausgefüllt wurde, beginnen Sie mit dem Design der Testfälle.

Feldnr.	Feldbez.	Eingabewert	E	Meldung
01	Belegart			
	01.001	blank	J	Eingabe fehlt
	01.002	AR	N	
	01.002	AR	N	
	01.003	XAR	J	Belegart nicht vorhanden
	...			
03	Konto			
	03.001	blank	J	Eingabe fehlt
	03.002	230000	N	
	03.003	230001	J	Konto nicht angelegt
	...			

Abb. 43: Planen von Testfällen für den Eingabetest.

In unserem Beispiel besteht die Testfallmatrix aus fünf Spalten mit folgender Bedeutung:

- Spalte 1: **Feldnummer** gezählt am Bildschirm,
- Spalte 2: **Feldbezeichnung** oder laufende **Nummer des Testfalls,**
- Spalte 3: **Eingabewert,**
- Spalte 4: Meldung **E**rwartet (z.B. **J**a oder **N**ein),
- Spalte 5: erwartete **Meldung** (die weiterhelfen soll).

Auch in diesem Beispiel wird unsere Grundforderung erfüllt: „Vor dem Test haben wir das zu erwartende Ergebnis zu dokumentieren" (siehe auch Kapitel 10.2.4 *Path Testing Ablauf* auf Seite 62).

Die laufende chronologische Nummer des Testfalles ist Teil der eigentlichen Testfallnummer. Diese enthält auch die Identifikationen des Testgebietes und der Funktion (siehe auch Kapitel 12.2.1 *Einteilen der Testgebiete* auf Seite 118).

Noch eine kurze Anmerkung zur Testfallnummer. Die Systematik ist von Anwender zu Anwender und von Anwendung zu Anwendung verschieden. Ob Sie nun für die einzelnen Testgebiete eigene Nummernkreise vergeben, ob Sie für Formattest und Funktionstest verschiedene Nummernkreise vorsehen, ob Sie den Tester in die Testfallnummer integrieren; ein Prinzip sollte immer gewahrt bleiben: Aus der Testfallnummer müssen das Testgebiet und die Funktion ersichtlich sein, und sie muß eindeutig sein. Denken Sie an Ihre Fehlerdatenbank. Je mehr Informationen Sie aus der Testfallnummer ersehen, umso einfacher können die Auswertungen Ihrer Fehlerdatenbank sein. Fragen wie: In welchen Testgebieten und bei welcher Funktion traten die meisten Fehler auf? können dann oft auf Knopfdruck beantwortet werden.

III Durchführen des Tests

Die vorbereiteten Testfälle werden nun der Reihe nach durchgeführt. Die erwarteten Sollergebnisse werden mit den tatsächlich erzielten Ergebnissen verglichen. Bei Abweichungen wird ein Fehlerbericht erstellt (siehe Kapitel 8.4 *Fehler / Dokumentation* auf Seite 35).

Im Rahmen des Eingabetests sind auch noch andere – in der Testfallmatrix nicht aufgeführte – Tätigkeiten vom Tester auszuführen. Diese sind:

- Überprüfen der **Online-Hilfetexte**, sofern vorhanden,
- Überprüfen der **Prüfreihenfolge**,
- Überprüfen der **Dokumentation** (Bediener- oder Anwenderhandbuch).

Prüfreihenfolge

Was bedeutet die Prüfreihenfolge? Darunter verstehen wir, daß das Programm Eingabefehler in der Reihenfolge der Eingaben meldet. Dies entspricht der Erwartungshaltung des Anwenders. Es soll nicht so sein, daß zuerst die Fehlermeldung für Feld 3 und danach die Fehlermeldung für Feld 1 am Bildschirm gezeigt wird (dies ist aber manchmal unvermeidlich, z.B. bei Abhängigkeiten von Feldern innerhalb der Eingabemaske).

sinnvolle Fehlermeldung des Programms

Eine Anmerkung zu Meldungen: Lautes Piepsen oder eine schmissige Melodie sind keine tauglichen Hinweise für den Anwender, was denn nun eigentlich falsch ist. Bei einem Fehler ist eine **eindeutige** Fehlermeldung anzuzeigen, und der Cursor muß auf das fehlerhafte Feld positioniert werden. Dies sind Mindestanforderungen. Unterstützung des Anwenders durch Hilfetasten mit dem Anbot weiterer Informationen sind erwünscht.

Auch die Überprüfung der Dokumentation – und zwar jener Teile, die die Eingaben betreffen – gehört zum Eingabetest. Die Dokumentation muß aber schon bei der Vorbereitung der Testfälle herangezogen werden. Sie enthält die Informationen, die wir zum Design der Testfälle benötigen.

Das „Format-Testblatt" wird während der Durchführung des Tests vom Tester durch die Angaben in den Spalten **Meld**(ung), **Help**, **Doku**(mentation) und **Anz.TF** (Anzahl der Testfälle) ergänzt (✓ = durchgeführt).

Testprotokoll	Tester	Datum
Anwendung	Testgebiet Identifikation	Seite
Funktion Identifikation	Formatname Kurzname	

Nr	Feld	Typ	Länge	VZ	Gültige Werte	Meld	Help	Doku	Anz. TF
1	BEL-ART	A	3		lt. Firmenstamm	✓	✓	✓	6
2	BUC-DAT	N	6/0		gültige Periode	✓	✓	✓	4
3	KONTO	A	7		lt. Kontenstamm	✓	✓	✓	5
4	BETRAG	N	11/2		<> Null	✓	✓	✓	9
5	SH-KZ	A	1		S, H, nur Groß-buchstaben	✓	✓	✓	5

Abb. 44: Beispiel für das Ausfüllen eines Testprotokolls Eingabetest – 2.

10.7.3 Tips und Hinweise

Leider ist der Eingabetest bei kaufmännischen Applikationen die einzige Testmethode, die in der Praxis wenigstens teilweise automatisiert wird. Der Einsatz von Capture-Replay Systemen (siehe Kapitel 13 *Testtools* ab Seite 127) ist vorteilhaft. Ein solches Testtool vermindert beim Regressionstest die zeitraubende Arbeit der Wiederholung von Testfällen. Sie entläßt uns aber nicht aus unserer Verantwortung für das Design der Testfälle.

Auch Tabellenrechner können praktische Testtools bilden. Mit ihrer Hilfe ist es einfach, die Testmatrix zu erstellen und notwendige Änderungen durchzuführen. Änderungen an der Testmatrix sind oft nötig. Theoretisch könnte man die Matrix schon in der Vorbereitung vollständig aufstellen. Theoretisch müßte man daran auch nichts ändern. Die Praxis zeigt aber, daß erst bei der Durchführung der Tests die Phantasie und Kreativität des Testers sich wirklich entfalten. Und dann erst wird die Matrix um jene Fälle erweitert, die die reichste Fehlerbeute bringen.

Eingabelänge
Ausgabelänge

Achten Sie bei allen Eingaben darauf, ob die Eingabelänge gleich der Ausgabelänge ist. Vor allem bei numerischen Feldern kommt es sehr oft vor, daß z.B. das Eingabe- und Ausgabefeld eine Länge von 12 Stellen hat (9 Vorkomma und zwei Nachkommastellen). Bei der Anzeige (nach der Eingabe) werden aber vom Programm die Tausenderinterpunktionen eingesteuert. So wird bei Eingabe des Betrages 345670320.24 daraus der Wert 5,670,320.24.

Dies ist ein Fehler, auch wenn intern mit dem richtigen Betrag weitergerechnet wird. Der Anwender ist zumindest verwirrt, und wir können nicht wissen, welche Fehler sich daraus ergeben. Nach unserer Fehlerklassifikation ist es nun einmal ein schwerer Fehler (siehe Kapitel 8.3 *Fehler / Klassifikation* auf Seite 32).

11 Testphasen

11.1 Im Rahmen der Systementwicklung

Wie bereits in Kapitel 7 *Die Phasen der Softwareentwicklung* ab Seite 27 beschrieben, erstellt man im Zuge des Softwareentwicklungsprozesses eine Reihe von Dokumenten (siehe Abb. 3 auf Seite 28). Diese getesteten Dokumente stellen die Ausgangsbasis für die Programmierung dar. Abbildung 45 auf dieser Seite zeigt, welche Dokumente – neben den Standards und den gesetzlichen Bestimmungen – für den dynamischen Test als „Meßlatte" herangezogen werden.

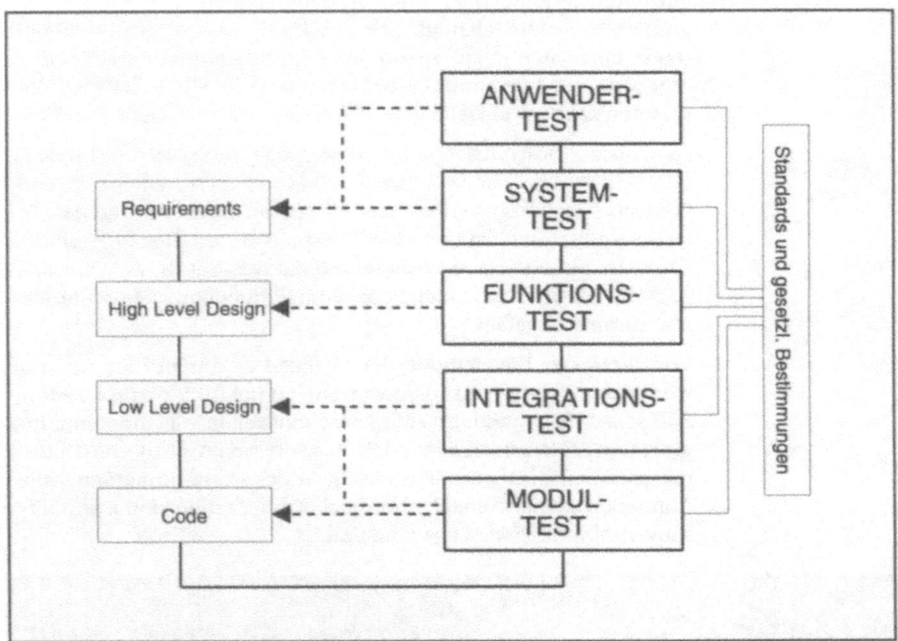

Abb. 45: Dynamischer Test – Ablauf.

11.1.1 Modultest

Der Modul- oder Unittest ist der erste Test im Entwicklungsprozeß von Software. Er setzt auf dem Programmcode auf. Es sind bereits Programme oder Programmteile vorhanden. Es werden sowohl statische als auch dynamische Testarten verwendet. Bei den statischen Testarten ist es die Testmethode *Walk Through*, bei den dynamischen Testarten sind es die Testmethoden *Pathtesting*, *Looptesting*, *Domaintesting* und *Syntaxtesting*. Das Hauptgewicht liegt aber im Bereich der dynamischen Tests.

> *Ziel ist es, Fehler – das heißt Abweichungen vom Low Level Design – in der kleinsten Einheit, der Unit oder dem Modul, zu finden.*

11.1.2 Integrationstest

Im Rahmen der Weiterentwicklung der Anwendung werden die einzelnen Module oder Units zu Programmen oder Programmgruppen zusammengefügt. Die Erfahrung lehrt, daß funktionierende Einzelteile keineswegs immer ein funktionierendes Ganzes ergeben. Der Integrationstest soll nun sicherstellen, daß der Zusammenbau von Einzelteilen ein funktionierendes Ganzes ergibt.

So würde z.B. in unserem Finanzbuchhaltungspaket die Integration der Module UMSATZSTEUERBERECHNUNG, BELEGERFASSUNG und OFFENE POSTENVERWALTUNG das Programm **BUCHEN** ergeben. In einem anderen Fall würden beispielsweise die Programme AUSWAHL MAHNUNG, ÄNDERUNG DES MAHNVORSCHLAGES, DRUCKEN DER MAHNUNG durch Integration zum Programmpaket **MAHNWESEN** zusammengefaßt.

Vor allem die Testmethode des Syntaxtests kommt hier zur Anwendung. Sie ist es ja, die (wie im Kapitel 10.5 *Syntax Testing* auf Seite 85 behandelt) auf die Schnittstellen zu anderen Programmen Rücksicht nimmt. Sie ist es, die dem Aufruf von Unterprogrammen und dem Rücksprung in das Hauptprogramm volle Aufmerksamkeit widmet. Aber auch Path Testing und Loop Testing sind lohnende Wege zum Ziel.

> *Ziel ist es, Fehler zu finden – das heißt Abweichungen vom Low Level Design – die bei der Integration von bereits getesteten Units oder Modulen entstanden sind.*

11.1.3 Funktionstest

Der Funktionstest ist der erste „Black Box-Test". Im Mittelpunkt steht die Funktion. Die Frage, ob wir das „richtige Produkt" bauen, wird hier erstmals gestellt. Es ist auch der erste Test, der unbedingt von unabhängigen Testern durchgeführt werden sollte. Er deckt (wie im Kapitel 9.2.3 *Arten des Testens / Versuch eines Vergleichs* auf Seite 41 ausgeführt) die „dicken Brocken" auf. Die Testmethoden Eingabetest und Transaction Flow Testing sind die adäquaten Mittel, um das Ziel des Funktionstests zu erreichen.

> *Ziel ist es, Fehler – das heißt Abweichungen vom Low Level Design, der Anwenderdokumentation, dem Online Help – in bereits integrationsgetesteten Programmen zu finden.*

11.1.4 Systemtest

So wie der Funktionstest ist auch der Systemtest ein reiner „Black Box-Test". Das Gesamtsystem – also die Applikation – steht im Mittelpunkt unserer Betrachtungen. Dies ist die Perspektive des Systemtests. Der Test will beweisen, daß vor allem folgende Situationen von der Anwendung *nicht* bewältigt werden:

- **Multiuserbetrieb** (sofern es sich um eine Anwendung handelt, die von mehreren Anwender gleichzeitig verwendet werden kann). Die einzelnen Funktionen – vor allem jene, die ein „Update", d.h. Datenänderungen vornehmen, werden gleichzeitig von mehreren Arbeitsplätzen aus aufgerufen und abgearbeitet. Nehmen wir wieder unsere Finanzbuchhaltung. Der Tester wird versuchen, das System dadurch zum Absturz zu bringen, daß er von zwei oder mehreren Bildschirmen aus denselben „Offenen Posten" durch eine Zahlung oder Zuordnung zu einem anderen „Offenen Posten" ausgleicht.
- **Restartsituationen**: Abbruch von Programmen während der Verarbeitung, entweder durch Abbruch von der Console aus oder ultrabrutal durch Ziehen des Netzsteckers. Ich habe ja bereits gestanden, daß beim Test alle Mittel erlaubt sind. Die Wirklichkeit übertrumpft mit ihrer Grausamkeit auch den perversesten Tester. Ich erinnere mich an eine EDV-Messe in Wien (IFABO), bei der es am ersten Tag einen allgemeinen Stromausfall gab. Nachdem die Stromversorgung wieder aufgebaut worden war, trennte sich bei den

einzelnen Ausstellern die Spreu vom Weizen. Je nach Restartfähigkeit der einzelnen Anwendungen sah man entspannt arrogante Verkäufergesichter oder hektisch gerötete.

- **Verschiedene Konfigurationen**: Der Systemtest untersucht auch die Funktionalität der Anwendung auf verschiedenen Hardware- und Betriebssystemplattformen, sofern die Anwendung dafür konzipiert wurde.
- **Zugriffssicherheit**: Der Systemtest soll zeigen, daß die in der Anwendung vorgesehenen Sicherheitseinrichtungen umgangen werden können. In vielen kaufmännischen Anwendungen gibt es die Möglichkeit, Konten, Artikel oder Personaldaten (je nachdem ob wir uns in der Finanzbuchhaltung oder Kostenrechnung, in der Auftragsverwaltung oder in der Lohnverrechnung befinden) nur einem auserwählten Kreis zugänglich zu machen. Eigene Berechtigungsprogramme handhaben ausgeklügelte Zugriffssperren. Der Test soll zeigen, daß es Lücken in diesem Sicherheitsnetz gibt.
  Eine früher oft von uns aufgedeckte Schwäche bestand darin, daß die Anwendung zwar geschützt war, das im System hinterlegte Paßwort selbst aber unzureichend geschützt wurde. Die Verwaltung und Vergabe der Paßwörter erfolgt durch Programme der Anwendung. Es wurde aber nicht darauf geachtet, die so hinterlegten Paßwörter verschlüsselt abzuspeichern. Ein Anwender, der zwar keine Berechtigung für den Aufruf der Applikation, sehr wohl aber die vom Betriebssystem verwaltete Berechtigung zum Ansehen von Dateiinhalten hatte, konnte sich die Paßwörter aller Berechtigten anzeigen lassen.
- **Performance**: Was nützt uns die beste Anwendung, wenn die Verarbeitungszeiten das Arbeiten erschweren oder praktisch unmöglich machen. Performance bedeutet nicht nur akzeptable Antwortzeiten am Bildschirm, sondern auch akzeptable Verarbeitungszeiten von Batchprogrammen (Programmen, die im Hintergrund laufen). Können Sie mit einem Finanzbuchhaltungspaket arbeiten, bei dem die Batchverarbeitung für den Tagesabschluß länger als 24 Stunden dauern? Auch wenn Sie es lachhaft finden; das ist bei einem großen EDV-Projekt in USA tatsächlich passiert.

- **Stresstest**: Das System ungewöhnlichen Belastungen aussetzen. Dies bedeutet: sowohl riesige Datenmengen als auch eine ungewöhnlich hohe Zahl von Transaktionen. Sowohl die Datenmenge als auch die Transaktionsanzahl sollten über das konzipierte Ausmaß hinausgehen. Denken Sie an ein Luftleitsystem, das für maximal 25 Luftbewegungen konzipiert ist. Stresstest bedeutet; ich füttere das System mit 30 oder 40 Luftbewegungen und warte gespannt, was passiert.
  Stresstest bedeutet immer einen bedeutenden Aufwand an Zeit und Testerkapazität. Um eine entsprechende Datenmenge in das System einzuspeichern, benötigt man Hilfsmittel. Es ist kaum vorstellbar, daß ein Tester oder eine Testergruppe in akzeptabler Zeit ein Finanzbuchhaltungspaket mit einer Million Buchungen einem Stresstest unterziehen. In der Praxis entfällt dieser Stresstest daher fast immer. Kommt es dann beim Echteinsatz des Systems zu solchen Situationen, sind die Auswirkungen oft katastrophal.
- **Installation**: Ein in der Praxis sehr oft vernachlässigter Teil des Systemtests. Sie kennen vielleicht die Situation. Alle Tests sind beendet, Programme und Dokumentation werden an die Kunden ausgeliefert. Der eine Anwender konnte nicht installieren, weil er eine spezielle Konfiguration hat. Bei einem anderen trat bei der Installation ein Stromausfall auf usw. All diese Probleme soll der Installationstest im Rahmen des Systemtests aufdecken.

Die Antwort auf die Frage nach dem Ziel des Systemtest ergibt sich aus dem Beispiel. Trotzdem ein kurzer Merksatz:

Ziel ist es, Fehler – das heißt Abweichungen von den Requirements, der Anwenderdokumentation, dem Online Help – im Gesamtsystem unter erschwerten Bedingungen zu finden.

11.1.5 Anwendertest

Der Test durch den Anwender ist eine Kombination aus Funktionstest und Systemtest. Er wird jedoch nicht vom Softwareentwickler bzw. dessen Testteam, sondern *alleine* vom Anwender durchgeführt. Hauptaugenmerk sollte hier vor allem auf die Erfüllung der eigenen Anforderungen gelegt werden. Es soll also getestet werden, ob die Anwendung den Anforderungen des eigenen Betriebes genügt. Aus der Testersicht formuliert: Es soll bewiesen werden, daß die Anwendung nicht den Anforderungen gerecht wird.

Daraus ergibt sich natürlich ein Problem bei der Fehlerbeurteilung. Wir haben bisher ausgeführt, daß dann ein Fehler vorliegt, wenn die definierten Anforderungen und Standards nicht erfüllt werden. Anwenderspezifische Anforderungen sind nur in den seltensten Fällen Teil der vom Softwarehersteller definierten Anforderungen und daher festgeschrieben in den Systemrequirements und im Design.

Anwendertest wann?

Wenn wir uns aber erinnern, zu welcher Gelegenheit ein Anwendertest durchgeführt wird, dann löst sich dieses Problem auf sehr einfache Art.

- Zum ersten: Es wird dann ein Anwendertest durchgeführt, wenn der Anwender Individualsoftware bei einem Softwarehersteller in Auftrag gegeben hat. Der Anwendertest ist somit Teil der Übernahmeprozedur oder der Qualitätskontrolle seitens des Auftraggebers. In diesem Fall sollten die anwenderspezifischen Anforderungen ja Teil der Systemrequirements sein. Eine Nichterfüllung ist daher eindeutig ein Fehler.
- Zum zweiten: Es wird ein Anwendertest zur Entscheidungsfindung über den Einsatz von Standardsoftware durchgeführt. Auch hier ist (neben der Nichterfüllung der in der Dokumentation definierten Funktionen) die Nichterfüllung der anwenderspezifischen Anforderungen ein Fehler. Die Anzahl und Schwere der Fehler (definiert mit: was sollte die Software lösen, kann sie aber nicht) wird die Entscheidung über den Ankauf der Standardsoftware beeinflussen.

In beiden Fällen wurde das Ziel des Tests erreicht. Wir haben Fehler gefunden, das heißt wir haben die Nichteignung der Anwendung für einen bestimmten Zweck nachgewiesen. Testerherz, was willst du mehr?

Die Frage: was soll der Anwendertest erreichen? Die Antwort:

> *Ziel ist es, Fehler – das heißt Abweichungen von anwenderspezifischen Requirements, der Anwenderdokumentation, dem Online Help – im Gesamtsystem zu finden und damit die Nichteignung für den bestimmten Zweck zu dokumentieren.*

11.2 Sondertests

11.2.1 Regressionstest

Der Regressionstest hat einen festen Platz im Prozeß der Softwareentwicklung: Es ist *immer* der letzte Test.

Gefundene Fehler verleiten zum Aufatmen. Sie werden nach dem Aufatmen dokumentiert und in der Fehlerdatenbank erfaßt. Damit ist es aber nicht getan. Sie müssen natürlich auch behoben (oder, wie es im EDV-Chinesisch heißt, „gefixed") werden. Die korrekte Fehlerbehebung ist Gegenstand des Regressionstests.

prüfen, ob der Fehler korrigiert wurde

Der Beteuerung des Programmierers – „jetzt ist alles in Ordnung, der Fehler tritt nicht mehr auf" – ist nur bedingt Glauben zu schenken. *Der* Fehler tritt vielleicht wirklich nicht mehr auf, dafür aber wurden zwei neue Fehler durch die Korrektur eingeschleppt. „Verschlimmbesserung" nennt man solche Vorgänge.

Bereits zu Beginn dieses Buches haben wir uns darauf geeinigt, daß ein wesentliches Merkmal eines Fehlers seine Wiederholbarkeit ist. Fehler, die nicht wiederholbar sind, sind in unserem Sinne keine Fehler. Eher handelt es sich dabei vielleicht um übernatürliche Ereignisse aus der „Twilight Zone".

Der Tester hat dafür zu sorgen, daß die Reproduzierbarkeit gegeben ist. Dazu dient einerseits die Dokumentation der Testfälle mit ihren Eingabewerten und andererseits die Identität der „Testumgebung".

Die Testumgebung

Die Testumgebung besteht nicht nur aus der Daten- und der Programmbasis, sondern auch aus allen anderen Faktoren, die die Anwendung beeinflussen. Denken Sie nur an ein EDV-System, auf dem mehrere Anwender in verschiedenen Anwendungen arbeiten. Oder an den PC-Bereich, wo die unberechenbaren speicherresidenten Programme im Einsatz sind.

Ohne großen technischen Aufwand ist es unmöglich, alle diese Umgebungsfaktoren bei der Wiederholung der Testfälle zu simulieren. Eines aber ist leicht und ohne großen Aufwand zu bewerkstelligen. Die Datenbasis (der jeweilige Zustand der Datenbank während der einzelnen Testphasen) kann durch Erstellen einer Sicherungskopie aufbewahrt und bei Bedarf wieder zurückgeladen werden. Im Kapitel 12.2 *Testplanung* ab Seite 118 wird auf dieses Problem näher eingegangen.

Für diesen Abschnitt soll der Aspekt der Identität der Ausgangsbasis betont werden. Die nachstehende Abbildung zeigt den Ablauf des Regressionstests. Der Regressionstest setzt immer auf derselben Datenbasis auf wie jener Test, in dem der zu eliminierende Fehler gefunden wurde.

Es müssen alle Testfälle, die innerhalb der Testphase abgearbeitet wurden, beim Regressionstest nochmals durchgeführt werden – auch jene, die keine Fehler gebracht haben. Nur dann kann davon gesprochen werden, daß die Prüfung der Fehlerbehebung unter denselben Bedingungen stattfindet wie der Ursprungstest

Nun kommt die schlechte Nachricht:

Diese aufwendige Prozedur wird zwar allgemein als theoretisch nötig, in der Praxis aber kaum durchführbar bezeichnet. Sie wird selten konsequent eingehalten. Der Einsatz von Testtools vom Typ Capture-Replay brachte und bringt hier wesentliche Erleichterung. Denken Sie daran.

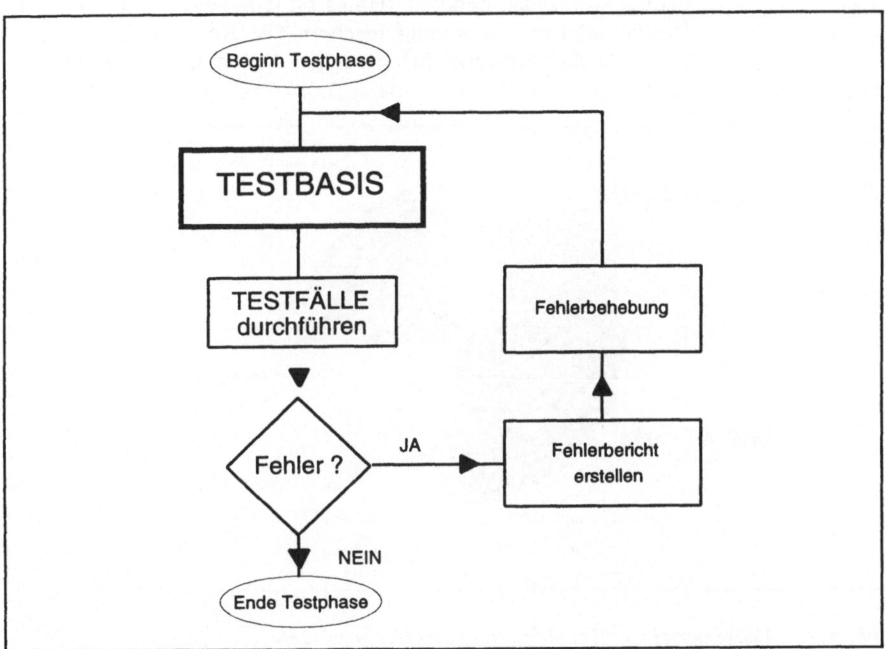

Abb. 46: Der Prozeß des Regressionstests.

11.2.2 Closed Book Methode

Bevor ich auf den Closed Book Test eingehe, möchte ich einiges zur Messung der Softwarequalität sagen.

Kompetente Softwarehersteller setzen sich bei kaufmännischen Anwendungen das Ziel (im traurigen Bewußtsein, daß es keine fehlerfreie Software gibt), die Anwendung mit maximal 0,7 bis 1 Fehler je KLOC (KLOC = KiloLOC = 1.000 lines of code) auszuliefern. Im schlimmsten Fall akzeptieren sie, 2 Fehler je KLOC auszuliefern. Sie gehen davon aus, daß je nach Komplexität der Anwendung 30 bis 80 Fehler je KLOC in der Anwendung stekken. Aus der Erfahrung kennt man die Fehleraufteilung auf die einzelnen Phasen der Softwareentwicklung.

Die nachstehende Abbildung zeigt diese Aufteilung. Sie gibt auch die Erfahrung wider, daß die meisten Fehler im Anfangsstadium der Softwareentwicklung auftreten. Nur ca. 8% der Fehler treten in der Endphase – beim Systemtest – auf. Immer noch genug, wenn man bedenkt, daß es oft jene Fehler sind, die eine Designänderung notwendig machen. Die Kostenbelastung und der zeitliche Aufwand für derartige Änderungen sind extrem hoch.

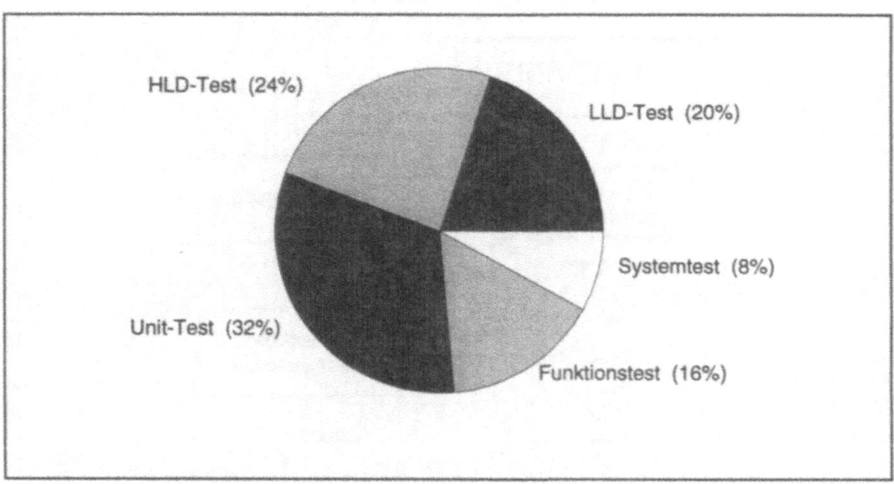

Abb. 47: Fehlerverteilung im Softwareentwicklungsprozeß. Legende: HLD – High Level Design, LLD – Low Level Design

Mit Hilfe dieser Annahmen und Erfahrungswerte können nun nach erfolgter Codierung für jede Anwendung die Anzahl der zu findenden Fehler je Entwicklungsphase prognostiziert werden. Wird nun beim Vergleich der Sollwerte mit den tatsächlich gefundenen Fehlern eine größere Abweichung nach oben (d.h. es wurden mehr Fehler gefunden als erwartet) festgestellt, dann wird die Methode des Closed Book Tests angewendet.

Nehmen wir an, beim Funktionstest wurde vom Projektleiter eine solche grobe Abweichung festgestellt. Es muß daher unterstellt werden, daß die Ist-Qualität des Produktes nicht der geforderten Soll-Qualität entspricht. Es wird weiter angenommen, daß sich in den noch nicht getesteten Bereichen die Fehler ähnlich verteilen und daher das Ziel (z.B. 0,85 Fehler je KLOC) nicht erreicht werden kann. Diese Annahme ist insbesondere dann zulässig, wenn das Testerteam erfahren ist und bei seinen früheren Projekten keine derart großen Abweichungen von den prognostizierten Zahlen vorgekommen sind.

Zweites Testteam

Die gefundenen Fehler werden dem Entwicklungsteam **nicht** bekanntgegeben. Von der Projektleitung wird aber ein zweites Testteam beauftragt, einen „Snap Shot-Test“ durchzuführen.

Snap Shot Test heißt, die gesamte Anwendung wird stichprobenartig innerhalb eines kurzen Zeitraumes (maximal 1 Woche) einem Test unterzogen. Die Testfälle und die gefundenen Fehler werden wie gewohnt dokumentiert. Dem Entwicklungsteam werden nun aber nicht alle gefundenen Fehler bekanntgegeben. Es werden nur zwei bis drei signifikante schwere Fehler aufgedeckt. Das Entwicklungsteam hat nun die Aufgabe, zu Lasten des eigenen Budgets einen neuerlichen Funktionstest durchzuführen und die gefundenen Fehler zu beheben. Es kann davon ausgegangen werden, daß die jetzt gefundenen Fehler eine Teilmenge der Fehleranzahl aus dem ersten Funktionstest und dem Snap Shot Test sind und darüber hinaus noch neue Fehler gefunden werden.

Die neue Version der Anwendung wird nun einem Regressionstest unterzogen, d.h. der erste Funktionstest und der Snap Shot-Test werden wiederholt. Die Qualität der Anwendung sollte sich nun deutlich verbessert haben. Etwa im selben Ausmaß, in dem sich die Laune des Entwicklungsteams verschlechtert hat.

12 Der Testablauf in der Praxis

12.1 Integrations- und Teststrategien

Es gibt zwei Integrationsstrategien, die vom Einzelteil (dem Modul) über das Programm zur Anwendung (dem System) führen.

12.1.1 Bottom Up

Die Bottom Up-Methode ist mit der Methode des Hausbaus vergleichbar. Beginnend mit dem Keller wird Stockwerk für Stockwerk aufgebaut, bis endlich mit dem Dach das Haus fertiggestellt wird.

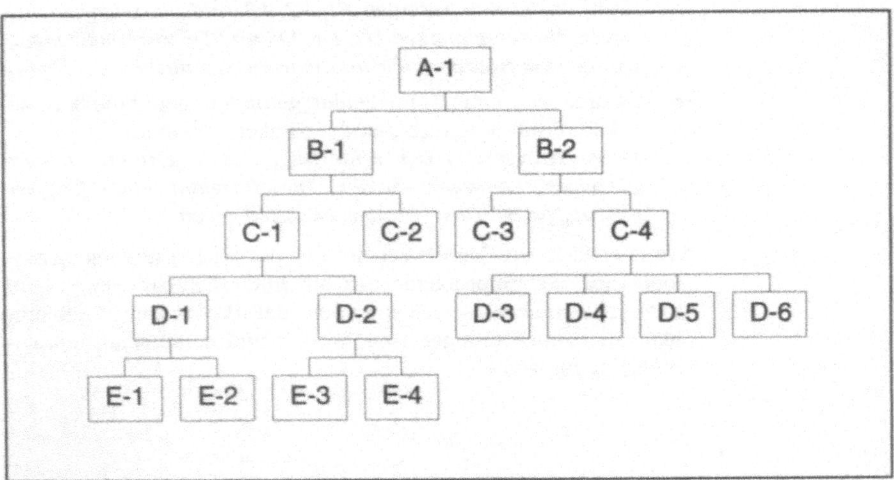

Abb. 48: Intergrationsstrategie – ein Beispiel.

Die Verfechter dieser Theorie bringen eine Reihe von Argumenten, um die exklusive Richtigkeit der Theorie zu beweisen.

- Wenn der einzelne Teil funktioniert, dann funktioniert auch das Ganze.
  Wer sich jemals mit Systemen beschäftigt hat, weiß, daß dies nur ein frommer Wunsch ist. Nicht die Addition der Einzelteile machen das System aus, sondern die Interaktion der Einzelteile untereinander ergibt das neue Ganze.
- Komplexität wächst von unten nach oben. Die Methode löst daher die einfachsten Probleme zuerst.
  Fehler wissen nicht, ob ihr Umfeld einfach oder komplex ist. Integrationsfehler lieben es, sich quer durch das System zu ziehen.
- Es gibt einen einheitlichen „Bottom".
  Wenn wir uns die vorherige Abbildung ansehen, ergibt sich die Frage: Wo ist denn der einheitliche Bottom in diesem System?
  Sind es die Komponenten F1, F2, F3 und F4, oder gehören auch die Komponenten D3, D4, D5 und D6 zum Boden? Auf welcher Basis starten wir und warum eigentlich?
- Wurde erst einmal ein Fehler gefunden und behoben, so bleibt er in diesem „Zustand" (nämlich behoben).
  Dies widerspricht der Erfahrung. Fehler können mehrere „Trigger" (Auslöser) haben. Die Korrektur eines Triggers kann „grünes Licht" für den nächsten geben.

Aus der Sicht des Testers scheint mir das wichtigste Gegenargument, daß Systemprobleme erst am Ende sichtbar werden. Im Extremfall kann es soweit kommen, daß das System überhaupt nicht den Anforderungen gerecht wird und damit seine Einsatzberechtigung verliert.

12.1.2 Top Down

Im Gegensatz zur Methode Bottom Up wird hier der Weg von oben nach unten gegangen. Auch für diese Strategie gibt es eine Reihe von Argumenten.

- Die meisten schweren Fehler betreffen Ablaufprobleme.
Dies trifft nur dann zu, wenn es an der klaren Strukturierung mangelt. Mit einem schlechten Design bekommen Sie aber Ablaufprobleme nie in den Griff. Unabhängig davon, ob Sie Top Down oder Bottom Up arbeiten.
- Die Komplexität verringert sich von oben nach unten. Der Top Level ist der Komplexeste.
Das ist ein Trugschluß. Gutes Design bedeutet, daß es einen einfachen „Top" gibt. Die Komplexität wächst zur Mitte zu – dort finden sie den Komplexitäts-Bierbauch – und nimmt danach wieder ab. Der Höhepunkt wird oft bei der dritten Stufe erreicht.
- Es gibt einen einzigen, eindeutigen „Top".
Dies trifft nie auf die Integration einer großen Anwendung zu. Denken Sie nur an Betriebssysteme oder kaufmännische Anwendungen in Großunternehmen. Solche Systeme haben derart viele „Tops", daß es eigentlich egal ist, bei welchem ich starte.

Die Top Down-Methode finden wir oft bei COBOL-Anwendungen. Der Programmierer hat meist ein Gerüst von Programmen aus alten Anwendungen, das er bei ähnlichen Problemen heranzieht. Er versucht dann, so wenig als möglich zu ändern und dennoch den speziellen Gegebenheiten zu entsprechen.

Denken Sie an Stammdaten-Wartungsprogramme. Egal, ob ich ein Programm für die Verwaltung von Zahlungskonditionen, Belegarten oder Steuerschlüsseln erstelle, es sind immer folgende Funktionen gefordert:

- Anlegen eines neuen Datensatzes,
- Ändern eines bestehenden Datensatzes,
- Löschen eines bestehenden Datensatzes.

Egal, wieviele Felder der einzelne Datensatz enthält, die Struktur des Programms bleibt gleich.

Kurioserweise wird – wenn auch aus anderen Motiven – sogar in der Baubranche die Top Down-Methode verwendet. Man beginnt wirklich mit dem Dach, das nach Fertigstellung angehoben wird. Die Stockwerke werden darunter gebaut. Nach Fertigstellung wird das Dach jeweils wiederum angehoben, um das nächste Stockwerk darunter setzen zu können. Der Vorteil liegt darin, daß die Transportwege für das benötigte Material auf das Minimum reduziert werden. Auch die hohen Lohnkosten für Spezialarbeiter, die in schwindelerregender Höhe arbeiten, entfallen.

12.1.3 Big Bang

In der Praxis finden Sie häufig folgendes: Nachdem der Programmierer die Argumente und Gegenargumente für sich selber bewertet hat, kommt er zur Überzeugung, daß bei ihm derart spezielle Verhältnisse gegeben sind, daß er es nicht nötig hat, so strukturiert vorzugehen. Er bevorzugt eher die Methode „Big Bang“. Kern dieser Methode ist das Motto:

Baue alles zusammen, und sieh dann, ob es arbeitet!

Vorweg kann gesagt werden, es arbeitet sicher nicht. Spaßvögel haben dafür den Ausdruck CLLC-Methode geprägt, was soviel bedeutet wie **C**ompile, **L**ink, **L**oad and **C**rash.

Wer ganz ehrlich ist, wird einen „Big Banger“ auch in sich selbst finden. Zu verlockend und offenbar genetisch programmiert ist die „Lotto“-Versuchung (warum soll es eigentlich dieses Mal nicht gelingen?)

Der Tester hat sich mit dieser Tatsache abzufinden und muß seine Teststrategie darauf ausrichten. Denn in der täglichen Arbeit ist er von „Big Bangern“ umgeben. Die Antwort darauf heißt „Backbone“.

12.1.4 Backbone

Vergleichen Sie das nach der Methode „Big Bang“ gebaute System mit einem Minenfeld. Als Tester haben Sie die Rolle des Kommandanten, der seine Leute unversehrt durch dieses Minenfeld zu führen hat. Als Verantwortlicher werden Sie sicherlich nicht befehlen, in Schützenkette (einer neben dem anderen), sondern in Schützenreihe (hintereinander) das Minenfeld zu queren.

Wahl der einfachsten Pfade

Wie sieht dies umgelegt auf den Test aus? Gehen Sie wie folgt vor:

- wählen Sie zuerst den **einfachsten Pfad**, der **nichts tut** und zum Ausgang führt,
- danach den **einfachsten Pfad**, der **eine Eingabe** benötigt,
- danach den **einfachsten Pfad**, der **eine Ausgabe** produziert,
- danach den **einfachsten Pfad**, der **Daten liest,**
- danach den **einfachsten Pfad**, der **Daten speichert,**
- danach den **einfachsten Pfad**, der **Daten liest und speichert,**
- und zu guter Letzt den einfachsten Pfad, der eine Eingabe verarbeitet, Daten liest und speichert, eine Ausgabe produziert und das System auf normalem Weg verläßt. Gelungen? HURRA!

Das Testen kann nun beginnen!

12.2 Testplanung

12.2.1 Einteilen der Testgebiete

Da es sich bei den meisten kaufmännischen Anwendungen um komplexe Systeme handelt, ist es erforderlich, das System in überschaubare Teilgebiete zu zerlegen.

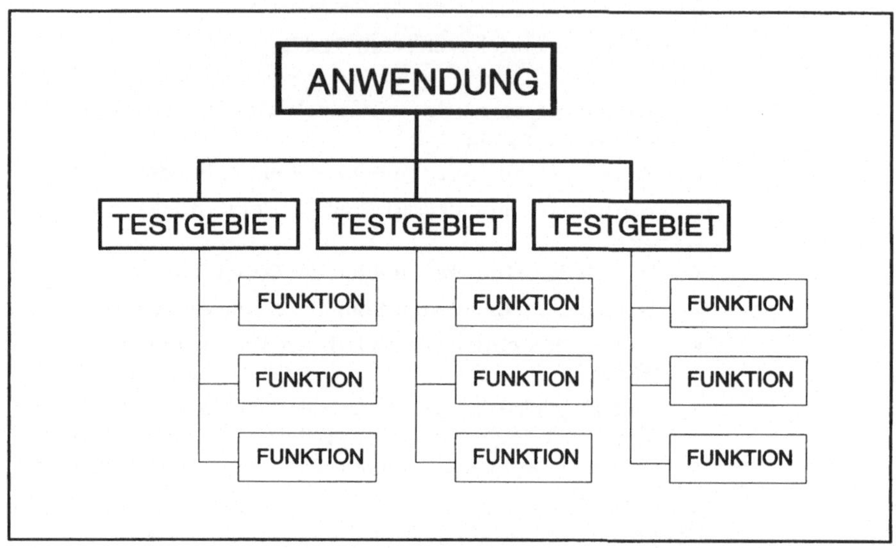

Abb. 49: Das System in Testgebiete einteilen.

Die vorhergehende Abbildung zeigt die Aufteilung. Die gesamte **Anwendung** wird in sogenannte **Testgebiete** und diese wiederum in einzelne **Funktionen** zerlegt. An einem praktischen Beispiel erläutert: Ein Finanzbuchhaltungspaket wird in die folgenden Testgebiete und Funktionen geteilt.

Funktionen

BUCHEN	**BUC**
BUCHUNGEN ERFASSEN	010
BUCHUNGEN AUS ANDEREN ARBEITSGEBIETEN ÜBERNEHMEN	020
ERFASSUNGSJOURNAL DRUCKEN	030
TAGESABSCHLUSS	040
LISTAUSWERTUNGEN	**LIS**
SALDENLISTE	010
OFFENE POSTEN LISTE	020

AUSSENSTANDSLISTE	030
UMSATZLISTE	040
STAMMDATENVERWALTUNG	**SDW**
WARTUNG FIRMENSTAMM	010
WARTUNG KONTENSTAMM	020
FIRMENSTAMMLISTE	030
KONTENSTAMMLISTE	040
FIRMENSTAMMÄNDERUNGSPROTOKOLL	050
KONTENSTAMMÄNDERUNGSPROTOKOLL	060

Identifikation

Die einzelnen Testgebiete und Funktionen erhalten eine Identifikationsbezeichnung. In unserem Fall ist es ein dreistelliger alphanumerischer Begriff bei den Testgebieten und bei den Funktionen eine dreistellige Nummer. Damit können alle Funktionen der Anwendung eindeutig identifiziert werden. Die Funktion BUC040 bedeutet in unserem Fall TAGESABSCHLUSS.

Diese Systematik erlaubt es, auch komplexere Einzelfunktionen noch weiter herunterzubrechen. So könnte z.B. die Funktion BUC010 in die Unterfunktionen Rechnungen (BUC011), Zahlungen (BUC012) und Sachbuchungen (BUC012) zerlegt werden.

Die Testfälle werden nun innerhalb der einzelnen Funktion fortlaufend numeriert. Die Testfallnummer selbst besteht aber aus der entsprechenden Funktionsidentifikation und der fortlaufenden Nummer. Der Testfall mit der Nummer SDW010-0212 wäre also in unserem Beispiel der 212. Testfall in der Funktion WARTUNG FIRMENSTAMM im Testgebiet STAMMDATENVERWALTUNG.

12.2.2 Testmatrix

Eine grundlegende Anforderung an den Test ist das Design der Testfälle noch vor der eigentlichen Durchführung. Wobei wir unter Design die Festlegung der Eingabewerte und das erwartete Ergebnis verstehen.

Die Testmatrix hilft uns, dieser Forderung übersichtlich nachzukommen. Das folgende Muster einer solchen Testmatrix soll ihnen eine Anleitung sein. In den Kopfdaten werden die Angaben über die Anwendung, das Testgebiet und die Funktion, für die diese Testmatrix aufgestellt wurde, eingetragen. In der Matrix oder Tabelle selbst werden in den einzelnen Reihen die für den Testfall relevanten Parameter, in den Spalten die entsprechenden Werte dieser Parameter eingetragen.

Darüber hinaus enthält die Testmatrix noch Angaben über die Testfallnummer, das Szenario, in dem der Testfall durchgeführt wurde (siehe nächstes Kapitel), und den Verweis auf die zu erwartenden Ergebnisse.

Das Muster zeigt eine Testmatrix, wie sie vor allem beim Funktionstest eingesetzt wird. In diesem Buch wurden bereits andere Matrixarten besprochen. So wurde im Kapitel 10.7.2 ***Testmethoden / Eingabetest / Ablauf*** auf Seite 94 eine Eingabetestmatrix und in Kapitel 10.2.5 ***Testmethoden / Path Testing / Beispiel*** auf Seite 64 eine Pathtestingmatrix gezeigt.

<table>
<tr><th colspan="3">Testmatrix</th><th colspan="4">Tester</th><th colspan="3">Datum</th></tr>
<tr><td colspan="3">Anwendung</td><td colspan="4">Testgebiet</td><td colspan="3">Seite</td></tr>
<tr><td colspan="10">Funktion</td></tr>
<tr><td rowspan="2">Parameter</td><td colspan="9">Testfallnummer</td></tr>
<tr><td></td><td></td><td></td><td></td><td></td><td></td><td></td><td></td><td></td></tr>
<tr><td></td><td></td><td></td><td></td><td></td><td></td><td></td><td></td><td></td><td></td></tr>
<tr><td></td><td></td><td></td><td></td><td></td><td></td><td></td><td></td><td></td><td></td></tr>
<tr><td></td><td></td><td></td><td></td><td></td><td></td><td></td><td></td><td></td><td></td></tr>
<tr><td></td><td></td><td></td><td></td><td></td><td></td><td></td><td></td><td></td><td></td></tr>
<tr><td></td><td></td><td></td><td></td><td></td><td></td><td></td><td></td><td></td><td></td></tr>
<tr><td>Ergebnis Nr. der Beilage</td><td></td><td></td><td></td><td></td><td></td><td></td><td></td><td></td><td></td></tr>
<tr><td>Durchgeführt in Szenario</td><td></td><td></td><td></td><td></td><td></td><td></td><td></td><td></td><td></td></tr>
</table>

Abb. 50: *Beispielformular Testmatrix.*

Die Testmatrix ist das „eigentliche Produkt" des Testers. Nicht, wie man meinen könnte, die Durchführung des Tests. Die vorweg definierten Eingabewerte und Ergebnisse würden theoretisch auch eine andere Person in die Lage versetzen, den Test durchzuführen und zu beurteilen. Theoretisch deshalb, da sämtliche Eingabewerte vorweg definiert werden müßten. Dies ist ohne entsprechende Testtools, die Testfälle generieren und dokumentieren, in vertretbarer Zeit praktisch kaum möglich. Die Angaben über den einzelnen Testfall sollen so wenig als möglich

und so tief als nötig detailliert sein. Man könnte es mit dem Schlagwort umschreiben:

Die Idee dahinter muß ersichtlich sein!

Die Idee bezieht sich auf die Schwachstelle, die der Tester anpeilt. Wodurch glaubt er, das System überlisten zu können? Womit glaubt er, sein Ziel zu erreichen? Sein Ziel ist und bleibt es, zu beweisen, daß das System Fehler hat!

12.2.3 Szenario

Ein lästiges Problem sind die sogenannten „Verschlimmbesserungen". Das sind Fehlerbehebungen, die einen behobenen Fehler gegen einen oder mehrere neue eintauschen.

Zur Diskussion benötigen wir zwei Begriffsbestimmungen:

- Unter **Datenbasis** verstehen wir einen eindeutig definierten Datenbestand.
- Unter **Systemumgebung** verstehen wir alle anderen Faktoren, die auf den Ablauf der Testfälle Einfluß haben; z.B. welche anderen Anwender benutzen das System und mit welchen Programmen? Welche anderen Verarbeitungen laufen im Hintergrund? usw.

Ohne den Regressionstest auf der selben Datenbasis und selben Systemumgebung wieder aufsetzen zu können, haben wir keinen Boden unter den Füßen. Eine Aussage, ob der Fehler behoben wurde, ohne daß „Verschlimmbesserungen" eingetreten sind, ist nicht möglich.

Dokumentierte und reproduzierbare Testumgebung

Über diese Klippe helfen uns die Szenarien hinweg. Unter **Szenario** verstehen wir die Dokumentation dieser Testumgebung. Das Szenario umfaßt die eindeutig definierte Ausgangsbasis, die Beschreibung der Testfälle und die sich daraus ergebende neue Datenbasis.

Die Wiederholung eines Testfalles in einem bestimmten Szenario bedeutet die Durchführung eines Testfalles unter identischen Voraussetzungen.

Umfaßte ein Szenario z.B. 20 Testfälle, wobei beim 5. Testfall ein Fehler aufgetreten ist, so sind beim Regressionstest nicht nur der 5. Testfall oder die ersten 5 Testfälle, sondern alle 20 Testfälle nochmals zu durchlaufen.

Szenarien sollen daher Einheiten sein, die klein und durchschaubar sind und nur logisch zusammenhängende Testfälle beinhalten. In der Praxis wird man die Ausgangsdatenbasis eines Szenarios auf einem Sicherungsmedium zur Verfügung stellen. Das Herstellen der korrekten Systemumgebung ist bestimmt nicht so einfach. Durch den Start von Prozeduren (das sind Aufrufe, die mehrere Jobs abarbeiten) kann die Herstellung aber unterstützt werden.

Die nachstehende Abbildung zeigt ein Formular, das es ermöglicht, solche Szenarien zu dokumentieren und damit nachvollziehbar zu machen.

<table>
<tr><td colspan="2">**Szenario Nr.**</td><td colspan="2">Tester</td><td>Datum</td></tr>
<tr><td colspan="2">Anwendung</td><td colspan="2">Testgebiet</td><td>Seite</td></tr>
<tr><td colspan="2">Funktion</td><td colspan="2">Prog-Version</td><td>Testphase</td></tr>
<tr><td colspan="2">Testgebiet</td><td colspan="2">BS-Version</td><td></td></tr>
<tr><td colspan="2">Sicherung vor Szenario</td><td colspan="3">Sicherung nach Szenario</td></tr>
<tr><td>Testfall</td><td colspan="3">Kurzbeschreibung des Testfalls</td><td>Fehlernr.</td></tr>
<tr><td></td><td colspan="3"></td><td></td></tr>
<tr><td></td><td colspan="3"></td><td></td></tr>
<tr><td></td><td colspan="3"></td><td></td></tr>
<tr><td></td><td colspan="3"></td><td></td></tr>
</table>

Abb. 51: Beispielformular Szenario.

Kopfdaten des Formulars enthalten neben den Angaben über die vor und nach dem Szenario gültige Datenbasis auch Angaben über das Testgebiet, die Funktion, die Betriebssystem- und Anwendungsversion und die Testphase. Je nach Bedarf können noch Angaben über die Hardware- und Softwarekonfiguration (z.B. über parallel laufende Applikationen) gemacht werden. Wie bereits im Kapitel 11.2.1 *Testphasen / Regressionstest* auf Seite 108 erwähnt, ist es ohne entsprechenden technischen Aufwand nicht möglich, die Systemumgebung zu dokumentieren bzw. wiederherzustellen.

Die Einzelzeilen des Szenarios enthalten für die einzelnen Testfälle folgende Angaben:

- **Testfallnummer**: Über die Testfallnummer wird die Verbindung zur Testmatrix für das entsprechende Testgebiet bzw. für die Funktion hergestellt. Die Testmatrix zeigt ja die entsprechenden Eingabewerte und das erwartete Ergebnis des Testfalles (siehe Kapitel 10.2.5 *Testmethoden / Path Testing / Beispiel* auf Seite 63 oder Kapitel 10.7.2 *Testmethoden / Eingabetest / Ablauf* auf Seite 93).
- **Kurzbeschreibung des Testfalls**: Eine Beschreibung, die – ohne in der Testmatrix nachsehen zu müssen – die „Idee" des Testfalles deutlich macht (z.B. negative Eingangsgutschrift, Mahnlauf innerhalb Mahnperiode, Rücksicherung falsche Generation, usw.)
- **Fehlernummer**: Die fortlaufende Nummer des dokumentierten Fehlers in der Fehlerdatenbank.

12.2.4 Der Test ist auch ein System

Testen besteht nicht nur darin, Testfälle über die Tastatur oder mittels Dateien in die Anwendung einzugeben und das Resultat zu beurteilen. Testen ist ein Prozeß, der die Softwareentwicklung ständig begleitet. Technisch betrachtet besteht er aus dem Entwurf, der Dokumentation und der Durchführung der Testfälle.

Die nächste Abbildung soll den Zusammenhang der im Laufe des Tests entstehenden Dokumente zeigen.

Die nachstehende Tabelle zeigt, welche der Informationen

- Testgebiet,
- Funktion,
- Testfallnummer,
- Szenario,
- Fehlernummer

auf den einzelnen Testdokumenten

- Einteilung der Testgebiete
- Testmatrix
- Szenario
- Fehlermeldung

erscheint.

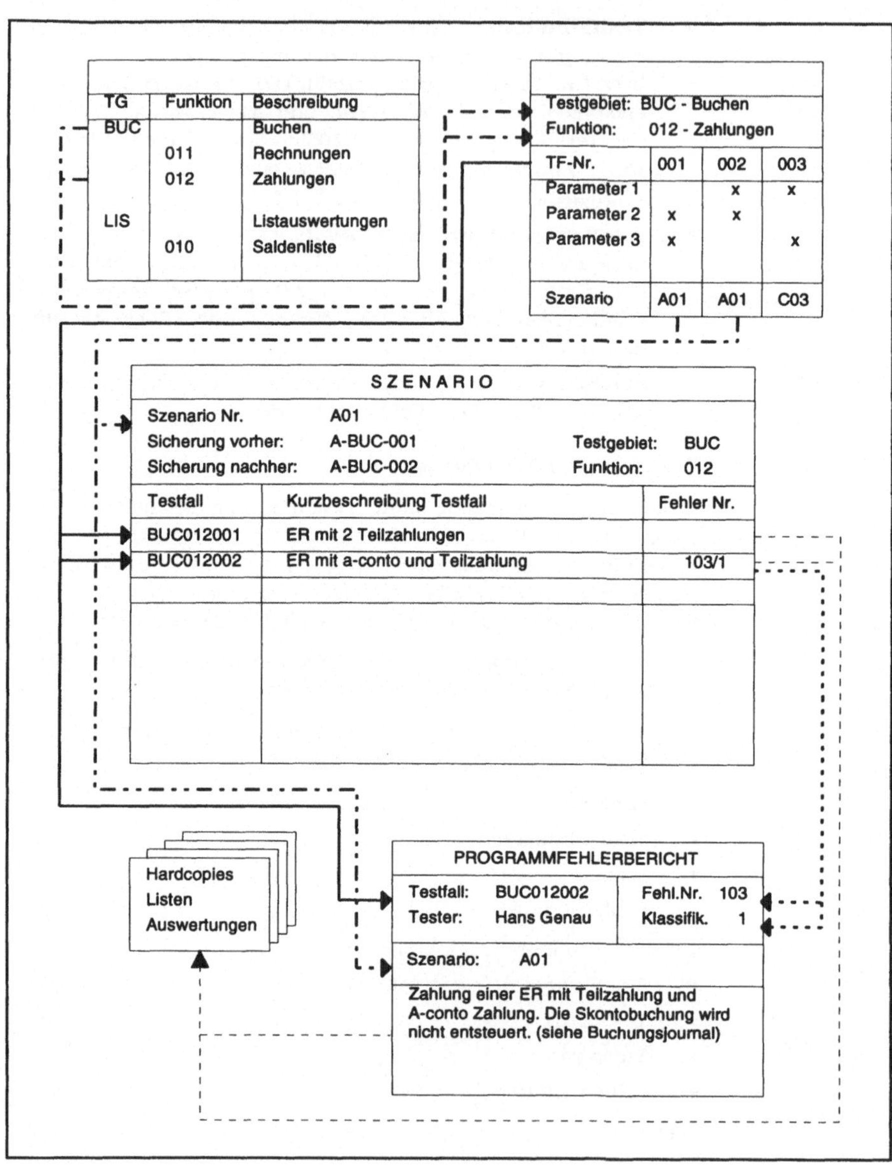

Abb. 52: Testsystem.

	Gebiet	Funktion	Testfall	Szenario	Fehler
Testgebiete	✓	✓			
Testmatrix	✓	✓	✓	✓	
Szenario	✓	✓	✓	✓	✓
Fehlerbericht	✓	✓	✓	✓	✓

Abb. 53: *Informationen in den Testdokumenten.*

Zentrales Dokument ist das Szenario. Es ist eine „willkürliche" Sammlung von gleichartigen Testfällen. Es ist das „Drehbuch" für den Tester. Das Szenario zeigt die Chronologie der Testdurchführung. Es muß eindeutig feststellbar sein, welcher Testfall einem anderen Testfall voran geht und welcher ihm folgt.

12.2.5 Tips und Hinweise

Ein Szenario wird – vor allem wenn wir an Funktionstests und Systemtests denken – Testfälle aus den verschiedensten Testgebieten und Funktionen und damit auch aus den unterschiedlichsten Testmatrizes enthalten.

Nehmen wir an, Sie wollen die Funktion „Buchung von Zahlungen" testen. In diesem Fall sind, bevor noch die eigentlichen Testfälle für diese Funktion durchgeführt werden, umfangreiche Vorarbeiten zu leisten. So müssen die entsprechenden Personen- und Sachkonten angelegt werden. Es müssen je nach Anwendung diverse Firmenstammdaten wie Belegarten oder Buchungskreise, Fremdwährungskurse usw. definiert werden. Und es müssen zu guter letzt entsprechende offene Posten für die Bezahlung (wie Rechnungen, Gutschriften usw.) vorhanden sein.

Alle diese Arbeiten müssen also vorher erledigt werden. Eine Möglichkeit besteht nun darin, alle diese Testfälle zu einem Szenario zusammenzufassen und in einem Zuge durchzuführen. Wie im Kapitel 11.2.1 *Testphase / Regressionstest* auf Seite 108 erwähnt, ist es notwendig, beim Regressionstest **alle** Testfälle – also auch jene, die keinen Fehler aufgedeckt haben – durchzuführen.

Dies ist natürlich mit großem Zeitaufwand verbunden. Es empfiehlt sich daher folgende Vorgangsweise:

Die Testfälle werden in zwei verschiedenen Szenarien abgewickelt. Im ersten Szenario werden die Vorbereitungsarbeiten, die Anlage der notwendigen Stamm- und Bewegungsdaten durchgeführt. Im zweiten Szenario werden dann die eigentlichen Testfälle für das Testgebiet „Buchung Zahlungen" durchgeführt. Da es bei jedem Szenario eine Sicherung der Datenbasis nach Abschluß geben muß, stellt also die Sicherung des ersten Szenarios die Ausgangsdatenbasis für das zweite Szenario dar. Treten nun Fehler bei Zahlungen auf, so wird nur mehr die Ausgangsdatenbasis rückgesichert und alle Testfälle des zweiten Szenarios wiederholt. Die zeitaufwendige Wiederholung der Vorbereitungsarbeiten kann somit entfallen.

13 Testtools

Der Einsatz von Testtools soll das Erreichen folgender Ziele unterstützen:

- Reduktion der Testdesignarbeit,
- bessere Testabdeckung,
- mehr Kombinatorik,
- Unterstützung bei der Dokumentation,
- Wiederholbarkeit.

Das derzeit wichtigste Tool ist ein tragbarer PC. Im kaufmännischen Bereich finden sich kaum testunterstützende Werkzeuge. Aus dem technischen (und vor allem militärischen) Bereich höre ich immer wieder, daß es solche gibt. Es ist aber zu wenig, daß ein solches Tool existiert. Es muß sich auch in der Praxis bewährt haben. Hier fehlen mir Beispiele.

Tools konsequent einsetzen

Ich vermute, daß es zwar im militärischen und technischen Bereich Tools gibt, diese jedoch nicht auf den kaufmännischen Bereich übertragbar sind. Teils wegen der Kosten, teils wegen der Konsequenz, mit der diese Tools verwendet werden müssen. Die Lernkurve zur erfolgreichen Verwendung ist hoch. Der übliche Lebenslauf der Tools sind: Unrealistische Erwartungen, der probeweise Einsatz bei einem Projekt, die folgende Frustration der Anwender wegen des hohen Lernaufwandes, sodann die Eliminierung.

Vielleicht hätte aber gerade dieses Produkt beim zweiten oder dritten Einsatz wegen der zunehmenden Erfahrung der Tester zum gewünschten Erfolg geführt.

Von der Arbeitsweise her können wir folgende Testtools unterscheiden:

I. Capture / Replay Systeme

Dabei handelt es sich um Programme, die meist auf einem PC laufen, der mittels einer Emulationskarte an den Hauptcomputer angeschlossen ist. Die einzelnen Eingaben des Testers werden gespeichert, gegebenenfalls Bildschirminhalte oder Dateiinhalte kopiert und damit die Möglichkeit eröffnet, diese Eingaben beliebig oft abzuspielen und die Daten zu vergleichen. Auch diese Produkte sind nur sehr eingeschränkt verwendbar, da sie oft nicht die Möglichkeit bieten, die gespeicherten Eingaben oder Bildschirminhalte zu editieren. Dies ist aber deshalb nötig, da bei fast jedem Bildschirmlayout das Datum und/oder die Uhrzeit eingeblendet ist oder durch Programmänderungen die Tastenfolgen geändert werden müssen. Nachträgliches Abspielen und Vergleichen würde unweigerlich Differenzen aufzeigen und damit den Erfolg vereiteln.

Die nachstehende Abbildung zeigt schematisch die Arbeitsweise solcher Systeme.

Abb. 54: Die Arbeitsweise von Capture- / Replay-Testtools.

II. Testgeneratoren, die auf dem Code aufsetzen

Diese Testtools setzen auf dem Programmcode auf. Sie sind daher nur begrenzt nützlich, da sie als Input den zu testenden Code haben (in welcher Qualität auch immer). Ein sinnvoller Einsatz wäre gegeben, wenn eine bereits bestehende und funktionierende Anwendung auf eine andere Plattform transportiert wird. In diesem Fall würde der Testgenerator – basierend auf dem Programmcode der bestehenden Anwendung – Testfälle generieren, die sodann für den Test der neuen Anwendung herangezogen werden können.

III. Testgeneratoren, die auf Spezifikationen aufsetzen

Für den kaufmännischen Bereich sind mir im praktischen Einsatz keine Produkte bekannt.

IV. Testgeneratoren, die auf der Syntax aufsetzen

Auch hier sind für den kaufmännischen Bereich keine Standardprodukte im regelmäßigen Einsatz.

In Anbetracht der Tatsache, daß es fast keine Testtools für den kaufmännischen Bereich gibt, kann nur nochmals angeregt werden, die unspezifischen, aber sehr effizienten Testtools wie Entscheidungstabellen, Struktogramme, Flowcharts, alle Arten von Diagrammen, Tabellenrechnerprogramme, Datenbank-, Textverarbeitung- und Flowchartprogramme am PC einzusetzen.

14 Testen / Traum und Wirklichkeit

14.1 Programmversionen

Die Entscheidung für sorgfältiges Testen fällt ebenso selten wie für unpopuläre politische Maßnahmen. Die Gründe dafür sind auch ähnlich.

Eine unpopuläre politische Entscheidung zeigt ihre Wohltaten oft erst nach einem längeren Zeitraum. Genauso verhält es sich mit Testen (obwohl hier die Stunde der Wahrheit früher schlägt).

Wer aber kümmert sich um sein Wohlbefinden in einem Jahr, wenn er um sein Überleben im nächsten Monat kämpft?

Wenn man aber schon so weitblickend war, die Kosten und Mühen des Testens auf sich zu nehmen; soll denn das ewig so weitergehen? Z.B. wenn eine neue Version des so aufwendig getesteten Programms herauskommt?

Theoretisch müßte ein kompletter Systemtest, erweitert um Testfälle für die neuen Features, durchgeführt werden. Ein Alptraum. Nicht nur aus Kostengründen, sondern auch aus Zeitgründen. Wegen nicht vorhandener praktikabler Testtools entfällt dieser neuerliche Systemtest in der Praxis.

Auswirkung wie vermutet: Renommierte Firmen müssen hunderte Kunden anschreiben und die vermeintlich verbesserten Versionen wegen schwerer Fehler wieder einziehen.

Der Spruch „Never change a winning Betriebssystem" stammt von einem meiner Mitarbeiter. Er sollte in der nächsten Ausgabe des DUDEN als „anerkannte mundartliche Volksweisheit" eingetragen werden.

Praxistip

Eine Praxisempfehlung, die gleichzeitig die Mindestmaßnahme darstellt:

Testen Sie die neuen Funktionen. Dabei ist vom Tester das Design zu konsultieren. Wo wirken sich die neuen Funktionen aus? Diese Information stellt die Basis für das Design der Testfälle dar. Es werden somit nicht nur die neuen Funktionen direkt und isoliert getestet, sondern es wird auch der Versuch unternommen, sie innerhalb des Systems in ihrer Auswirkung zu erfassen. Darüber hinaus ist ein Snap Shot-est über die ganze Applikation abzuwickeln.

Diese minimale Vorgangsweise benötigt einen kreativen und erfahrenen Tester, wenn sie Aussicht auf Erfolg haben soll.

14.2 PC-Software

Die großen Softwarehersteller für PC-Software wie *Lotus, Microsoft, Borland* usw. haben ihren Produkten einen bislang unerreichten Qualitätsstandard mitgegeben. Die Programme vereinen eine Funktionsvielfalt mit Stabilität und Anwenderfreundlichkeit, wie sie in der Vergangenheit unbekannt war.

Dennoch geschieht es auch solchen Unternehmen immer wieder, daß sie fehlerhafte Produkte auf den Markt bringen.

Dies ist aber nur ein weiteres Indiz dafür, daß eben die Erstellung fehlerfreier Software nach dem heutigen Stand der Technik ausgeschlossen ist.

Makrofähige Programme sind eigentlich untestbar

Für uns als Tester gibt es aber eine unangenehme Erkenntnis:

Wenn der Anwender PC-Software verwendet, die ihrerseits keine Programmsprache ist, sondern eigentlich ein Programmgenerator (z.B. Fakturierung mit Lotus, egal ob mit oder ohne Macrosteuerung), so sind solche Programme nach einer strengen Definition untestbar. Nur Programme, die in kompilierter Form zur Verfügung stehen (der Anwender hat keinerlei Möglichkeit, in den internen Programmablauf einzugreifen) sind testbar.

Um diese Aussage verständlich zu machen, bedarf es eines Beispiels: Nehmen wir an, der Sachbearbeiter erstellt die Fakturen auf einem PC mit Lotus, wobei er interaktiv in die einzelnen Positionen die entsprechenden Werte eingibt. Kenner von Lotus werden wissen, daß es mit dem einfachen Befehl SUM und der Angabe des zu summierenden Bereiches ein Kinderspiel ist, die Fakturenendsumme zu ermitteln. Kenner von Lotus wissen aber auch, daß es ebenso leicht ist, eine oder mehrere Fakturenzeilen in der Bereichsdefinition zu vergessen. Das geschieht häufig dann, wenn sich die Anzahl der Fakturenzeilen von einer Rechnung zur anderen ändert.

Wenn nun bei jeder einzelnen Faktura der SUM-Befehl geändert wird (was einer Programmänderung entspricht), hat es keinen Sinn, das Programm zu prüfen. Es müßte jede einzelne Faktura nachgerechnet werden. Sie haben hier dasselbe unlösbare Problem wie der Abschlußprüfer einer AG, der kein funktionierendes internes Kontrollsystem im zu prüfenden Unternehmen vorfindet. Er müßte theoretisch alle Buchungshandlungen einzeln nachvollziehen, denn die Basis für Stichproben und Analogieschlüsse ist das interne Kontrollsystem – so wie es bei uns der unveränderbare Programmcode ist.

Natürlich soll damit nicht empfohlen werden, solche PC-Programme nicht zu verwenden. Es muß nur jedermann klar sein, daß solche wunderbaren produktiven Werkzeuge wie Lotus, Excel etc. vom Sicherheitsaspekt her alles andere als wunderbar sind. Es würde mich interessieren, wieviele Statements zur Unternehmenslage, die direkten Einfluß auf die Kursbildung an der Börse haben, mit Excel oder Lotus erstellt werden. Und für wieviele es dafür unternehmensintern spezielle Sicherheitsrichtlinien gibt.

Problem TSR-Programme

Ein weiteres gefährliches Problem sind sogenannte TSR-Programme (Terminate and Stay Resident). Dies sind Programme, die im Hauptspeicher resident gehalten werden und meist durch sogenannte „Hot Keys“ aktiviert und deaktiviert werden (z.B. Sidekick, Printspooler, PC Tools,...)

Da es außer unverbindlichen Empfehlungen keinen Industriestandard über die Belegung des Hauptspeichers gibt, ist es dem einzelnen Softwarehersteller freigestellt, welchen Bereich er durch sein Programm belegt. Bei mehreren speicherresidenten Programmen und Überlagerung derselben kann es zum Phänomen „Daten werden Programme, und Programme werden Daten“ kommen.

Die Auswirkung sind unkontrollierbare Programmfehler, die durch keinen Test verhindert werden können. Auch dies ist ein Faktum, das bewußt sein muß, wenn man über die Sicherheit von PC-Anwendungen spricht. Vergleichbar wäre dieses Faktum mit der Möglichkeit, auf einem Mainframe jederzeit vom Anwender gesteuerte, direkte Zugriffe auf Platte oder Hauptspeicher zu machen.

14.3 Fremdsoftware

All unsere schönen Regeln und Forderungen können Sie bei zugekaufter Fremdsoftware meist nicht durchsetzen. Was machen Sie mit einem Softwareproduzenten, der in Amerika sitzt und Ihnen keinen Einblick in sein Programmdesign geben würde (nebenbei gesagt; den Einblick würde er Ihnen auch dann nicht gewähren, wenn er im Nebenhaus säße)? Was machen Sie mit einem großen Softwareproduzenten, der den Einblick in seine Testunterlagen mit Geheimhaltungsmotiven verweigert?

Testmöglichkeiten

Listen wir die Möglichkeiten auf:

- Sie führen einen kompletten Black Box-Test über das ganze System durch. Wenn Sie dann noch liquide sind, Gratulation. Bei den nächsten Programmversionen, die Sie ja wieder einem kompletten Black Box-Test unterziehen müßten, vergeht Ihnen aber sicher die Freude an der Software.
- Sie kaufen grundsätzlich nur Fremdsoftware, bei der die Zurverfügungstellung der Dokumentationen Vertragsbestandteil ist. Damit schließen Sie sich aber vom Fremdsoftwaremarkt praktisch aus. Für die Beurteilung der GoB und GoDv (Grundsätze ordnungsgemäßer Buchführung und Datenverarbeitung) gehen Sie allerdings nur damit auf „Nummer Sicher“.
  Sollte die Finanzverwaltung aber einmal ihre noble Zurückhaltung in diesem Bereich aufgeben, wären Sie einer der wenigen, der ruhig schlafen könnte.
- Sie wandeln weiter am schmalen Grat des „Black Box- Snap Shot-Test“. Auf der einen Seite gähnt der Abgrund der Kosten, auf der anderen Seite blicken Sie schaudernd in die Schlucht der Risken.

15 Botschaften an den Leser

15.1 An alle

Da es für den kaufmännischen Bereich keine kompletten Testtools gibt und daher all die schönen – einen hohen Deckungsgrad versprechenden – Testtheorien bei der manuellen Durchführung bedeutende Kosten verursachen, wollen wir eine ökonomisch praktikable Vorgangsweise anbieten.

Der gegenwärtige „State of Art" im Testen hat unter Kaufleuten dazu geführt, daß es kaum planmäßige Tests gibt. Bestenfalls die Methode des „Ausprobierens". Wobei die von uns angeprangerte Todsünde die Regel ist, nämlich daß der Programmierer sein eigenes Programm testet. Das ist die Ausgangsbasis, vor der man nicht die Augen verschließen darf.

Praktikable Vorgehensweise

Voraussetzung für unsere „praktikable Vorgangsweise" ist die totale Einbindung des Anwenders in den Entwicklungsprozeß. Der Entwicklungsprozeß, der den Test mit einschließt.

Um in dem Dreieck Kosten – Nutzen – Zeit den optimalen Punkt zu finden, müssen wir von mathematisch nachweisbaren Sicherheiten Abschied nehmen. Mathematisch geforderte Sicherheiten, wie sie im technischen, operativ kaufmännischen und militärischen Bereich *vielleicht* berechtigt und möglich sind. Profane kaufmännische Anwendungen werden wir mit vertretbarem Aufwand durch folgende Maßnahmen signifikant verbessern.

- Walk Throughs mit Einbindung des Anwenders in allen Systementwicklungszyklen. Damit werden Requirement-Designfehler möglichst früh erkannt, und wir erzeugen das *richtige Produkt*.
  Hier soll die oft gesehene Praxis scharf angeprangert werden, gerade jenen Mitarbeiter in diese Gruppe zu entsenden, der auf Grund seiner fachlichen Schwäche im laufenden Betrieb am entbehrlichsten ist. Genau gegenteilig *muß* es laufen. Für den Anwender in der Projektgruppe kann es nur eine Bezeichnung geben: *„Simply the Best"*.
- Black Box Test (Funktionstest) im vernünftigen Umfang.

- Durchführen des Eingabetests für alle möglichen Eingaben, sei es über Bildschirm oder sogenannte Batcheingänge.
- Last but not least: Verbessern Sie Ihre Fehlerdokumentation. Erweitern Sie Ihre Fehlerdatenbank. Der Fehlerfindungsprozeß und der Softwareentwicklungsprozeß werden sich klar verbessern.

15.2 Der Anwender

15.2.1 Muß

Der Anwender muß insbesondere darauf achten:

- Wenn er ein für ihn eigens geschriebenes Programm übernimmt, muß er die komplette Testdokumentation einfordern.
- Für Standardsoftware (wo der Hersteller in den meisten Fällen nicht bereit oder in der Lage ist, die Testdokumentation zur Verfügung zu stellen) kommt er um umfassende Tests nicht hinweg.
- Er muß darauf bestehen, bei für ihn individuell zu erstellender Software in den Entwicklungsprozeß permanent einbezogen zu werden – vielleicht einmal pro Woche Inspektionen und Walk Through.
- Er muß sicherstellen, daß zusammenhängende Programme verschiedener Hersteller auch dann arbeiten, wenn einer der beiden Hersteller mit einer neuen Version auf den Markt kommt. Wo dies nicht vertraglich sichergestellt werden kann (wie z.B. bei Standard-PC-Software), ist es durch Tests zu verifizieren.

15.2.2 Darf nicht

Der Anwender darf nicht...

- vertrauensvoll ungetestete Programme in den Echtbetrieb nehmen. Auch dann nicht, wenn renommierte Namen hinter den Produkten stehen.
- in Argumentationsnotstand gegenüber dem Hersteller geraten, ob ein Softwaremangel ein Fehler oder eine vorher nicht definierte Funktion ist. Er verhindert dies durch genaue Spezifikation seiner Anforderungen. Wenn er nurmehr das Argument „... aber das ist doch klar" hat, ist es zum Eingeständnis einer mangelhaften Spezifikation nicht mehr weit.

15.3 Der Prüfer/Controller

15.3.1 Muß

Der Prüfer/Controller muß sich zusätzlich vom Vorhandensein von Unterlagen wie Testdokumentation, Anwenderbeschreibung, Systemdokumentation usw. auch von der „guten Kinderstube“ eines Softwarepaketes überzeugen. Ein guter Maßstab ist die Eingabesicherheit. Es hat sich bisher immer bestätigt, daß Programme mit abgesicherten Eingabeparametern (siehe Kapitel 10.4 *Domain Testing* auf Seite 80 und Kapitel 10.5 *Syntax Testing* auf Seite 85) auch insgesamt stabiler und qualitativ höherwertig waren als solche, bei denen dies nicht der Fall war.

Der Prüfer/Controller muß daher:

- für ein repräsentatives Datenerfassungsprogramm einen Eingabetest durchführen,
- die Frage über die Stabilität und Korrektheit des Programmes der Fachabteilung stellen – nicht der EDV-Abteilung,
- mit Hilfe eines unzufriedenen Anwenders einen Testfall erstellen, der in offenen Wunde wühlt.

15.3.2 Darf nicht

Keinesfalls sollte der Prüfer/Controller nachstehenden Beschwichtigungsversuchen zum Opfer fallen:

- Unsere EDV-Abteilung testet alles ganz genau. Wir brauchen deshalb niemanden von der Fachabteilung.
  Universalgenies bitte vortreten und hinter Leonardo da Vinci einreihen.
- Es gibt deshalb keine schriftlichen Unterlagen über die Anforderungen, weil der Anwender nicht in der Lage ist, keine Zeit hat, ... sie zu erstellen.
  Ist ok – sofern er die zehnfache Zeit hat, später die Fehler zu korrigieren.
- Wozu schriftliche Unterlagen über die Anforderungen? Es ist doch klar, was diese... Software können muß.
  Wem ist es klar?
- Wir testen zwar ganz genau, Dokumentieren ist aber sinnlose Arbeit. Das Ergebnis ist nach der Fehlerbehebung sowieso richtig.
  Siehe Verschlimmbesserungen.

- Die Dokumentation bringt nichts und ist unheimlich aufwendig.
  Auch sparsame Dokumentation bringt Klarheit, Sicherheit, Unabhängigkeit und gehört zur Ordnungsmäßigkeit.
- Wir verwenden unsere Zeit lieber dafür, die individuellen Wünsche der einzelnen Anwender zu erfüllen.
  Sehr löblich – aber irgendwann müssen die alten Gläser abgeräumt werden, wenn man neue Getränke auftischen will.
- Das Programm ist selbsterklärend.
  Auch für einen neuen Mitarbeiter?

15.4 Der Softwareproduzent

15.4.1 Muß

Der Entwickler muß

- den Anwender im Projektteam integrieren,
- die Requirements strukturiert und eindeutig als Basis seiner weiteren Arbeit zur Verfügung haben,
- die Requirements vom Anwender unterschreiben lassen,
- die List- und Bildschirmlayouts vom Anwender unterschreiben lassen,
- die Testfälle schon in der Requirementphase erstellen.

15.4.2 Darf nicht

Der Entwickler darf nicht

- die Arbeit fortsetzen, wenn der Anwender die Mitarbeit oder die Mitverantwortung verweigert.
- die Tests kürzen, um den Projektendtermin zu halten. Die Testzeit ist eine heilige Kuh, die nie geschlachtet werden darf.
- den Test ohne Anwender durchführen.
- den Test mit unqualifizierten Leuten durchführen.

16 Musterformulare

Um Ihre Testarbeit sofort starten zu können, finden Sie auf den folgenden Seiten Muster der wichtigsten Formulare; so wie ich sie in diesem Buch angesprochen habe. Entsprechen sie Ihren Bedürfnissen, dann kopieren Sie sie einfach. Der Test kann nun beginnen.

Um es nochmals zu betonen: Auch das Testen selbst ist ein System, siehe auch Kapitel 12.2.4 Abbildung 52 auf Seite 124.

Die Testmatrix, das Szenario und der Programmfehlerbericht sind die drei Säulen des Testsystems.

Auf den folgenden Seiten finden Sie Muster dieser drei Säulen und eine Ausfüllhilfe.

16.1 Testmatrix

Einer der ersten Schritte beim Testen ist das Erstellen der Testmatrix. Auf Seite 141 finden Sie das Beispiel einer solchen Testmatrix. Sie enthält jene Angaben, die als Mindesterfordernis anzusehen sind. Sollte sie Ihren Anforderungen genügen, so kopieren Sie sie einfach und verwenden sie für Ihre Testaufgaben.

Nachstehende Ausfüllhilfe erläutert die Bedeutung der einzelnen Parameter:

- **Firma:** Name jener Firma, die das zu testende Programmpaket einsetzt.
- **Seite:** Fortlaufende Seitennummer.
- **Tester:** Name des Testers, der den Fehler gefunden hat.
- **Datum:** Datum, an dem die Testmatrix erstellt wurde.
- **Anwendung:** Angaben über die Anwendung, auf die sich diese Testmatrix bezieht.
- **Testgebiet:** Bezeichnung des Teilgebietes der Anwendung, die dem Test unterzogen wurde. Siehe dazu auch Kapitel 12.2.1 *Einteilen der Testgebiete* auf Seite 118.
- **Funktion:** Bezeichnung der Funktion des Teilgebietes der Anwendung, die dem Test unterzogen wurde. Siehe dazu auch Kapitel 12.2.1 *Einteilen der Testgebiete* auf Seite 118.

Vertikal sind die einzelnen Parameter eingetragen, die die entsprechende Funktion betreffen.

Horizontal steht je Parameter die zugehörige Testfallnummer. Die Matrix zeigt den Stand der Parameter im betreffenden Testfall.

In der vorletzten Zeile der Testmatrix erfolgt der Hinweis auf eventuell zu erwartende Ergebnisse des entsprechenden Testfalles.

Alle bisherigen Eintragungen in die Testmatrix erfolgen vor der echten Testdurchführung. Erst die letzte Zeile der Testmatrix wird bei der Testdurchführung ergänzt. Hier wird jene Szenarionummer eingetragen, in der der entsprechende Testfall durchgeführt wurde.

Testmatrix	Tester	Datum
Anwendung	Testgebiet	Seite
Funktion		

Parameter	Testfallnummer								
Ergebnis Nr. der Beilage									
Durchgeführt in Szenario									

16.2 Szenarioformular

Auf Seite 144 finden Sie das Muster eines Szenarioformulars, wie es für einen Anwendungstest verwendet werden kann.

Es enthält alle Angaben, die als Mindesterfordernis einzutragen sind. Sollte es Ihren Anforderungen genügen, so kopieren Sie es einfach und verwenden es für Ihre Testaufgaben.

Nachstehende Ausfüllhilfe soll die Bedeutung der einzelnen Parameter erläutern:

- **Seite:** Fortlaufende Seitennummer. Beachten Sie aber, daß ein Szenario nur eine überschaubare Anzahl von Testfällen enthalten darf. Wie in Kapitel 12.2.3 auf Seite 121 erläutert, muß beim Regressionstest das ganze Szenario, in dem der Fehler aufgetreten ist, nochmals zur Gänze abgearbeitet werden. Ein Szenario sollte daher nicht mehr als drei Seiten umfassen.
- **Sicherung vor Szenario:** Bezeichnung jenes Datenbestandes, der vor der Abarbeitung des Szenarios einzuspielen ist, um dieses Szenario unter identen Voraussetzung nochmals verwenden zu können. Beachten Sie, daß sowohl die Programme als auch der eigentliche Datenbestand darunter subsumiert werden. In vielen Fällen wird es so sein, daß die Programme und Daten in verschiedenen Bibliotheken gespeichert werden. In diesem Fall müssen sie also hier beide Sicherungsbezeichnungen eintragen.

  Die Bezeichnung der einzelnen Sicherungen kann zum Beispiel folgendermaßen aussehen:
  940704PGM bzw.
  940704DAT.
  In diesem Fall werden die Szenarien innerhalb des Monats der Erstdurchführung fortlaufend numeriert. Im obigen Fall handelt es sich also um die Sicherung der Programme (PGM) nach dem 4. Szenario der Testserie im Juli 1994 bzw. um die Sicherung der Daten (DAT) nach dem 4. Szenario der gleichen Testserie.
- **Sicherung vor Szenario**: Bezeichnung jenes Datenbestandes, der nach der Durchführung des Szenarios gesichert wurde.
- **Szenarionummer:** Eindeutige Bezeichnung des Szenarios.
- **Tester**: Name des Testers.
- **Datum:** Durchführungsdatum des Szenarios.

- **Testgebiet:** Bezeichnung des Teilgebietes der Anwendung die dem Test unterzogen wurde. Siehe dazu auch Kapitel 12.2.1 *Einteilen der Testgebiete* ab Seite 118.
- **Funktion:** Bezeichnung der Funktion des Teilgebietes der Anwendung die dem Test unterzogen wurde. Siehe dazu auch Kapitel 12.2.1 *Einteilen der Testgebiete* ab Seite 118.
- **Betriebssystemversion:** Versionsnummer des Betriebssystems. Diese Angaben sind deshalb wichtig, da meist die zu testenden Anwendungen sehr intensiv Betriebssystembefehle verwenden. Denken Sie nur an die komplexen Prozedursteuerungen bei Hostanwendungen. Aber auch PC-Software setzt entweder direkt auf dem Betriebssystem (z.B. DOS, OS/2, usw.) oder – was noch ärger ist – auf Benutzeroberflächen (z.B. Windows) auf.
- **Programmversion:** Versionsnummer des zu testenden Anwendungsprogramms.
- **Testphase:** Bezeichnung der Testphase. Siehe dazu auch Kapitel 11 *Testphasen* ab Seite 101.

Es folgen nun die eigentlichen Eintragungen des Szenarios. Versetzen Sie sich in die Arbeit eines Regisseurs. Betrachten Sie Ihr Szenario wie das Drehbuch eines Filmes, in dem akribisch jede einzelne Szene und die dazugehörenden Einstellungen aufgezeichnet werden. Die Qualität der Eintragungen entscheidet darüber, ob die Testfälle wiederholt werden können.

- **Testfallnummer:** Nummer des Testfalles. Durch diese Eintragung wird die Verbindung zur entsprechenden Testmatrix hergestellt – siehe auch Kapitel 12.2.2 *Testmatrix* auf Seite 119.
- **Kurzbeschreibung des Testfalls:** Beschreiben Sie in knappen Worten die „(teuflische) Idee", die hinter diesem Testfall steckt.
- **Fehlernummer** (Hurra): Dies ist die Spalte für **erfolgreiche Testfälle**. Denn in dieser Spalte wird die Nummer der Fehlermeldung (siehe hierzu auch Kapitel 16.3 *Programmfehlerbericht* auf Seite 145) eingetragen.

Szenario Nr.	Tester	Datum
Anwendung	Testgebiet	Seite
Funktion	Prog-Version	Testphase
Testgebiet	BS-Version	
Sicherung vor Szenario	Sicherung nach Szenario	

Testfall	Kurzbeschreibung des Testfalls	Fehlernr.

16.3 Programmfehlerbericht

Die Dokumentation der Fehler ist ein zentraler Punkt beim Testen. Ich lege Ihnen diese Aufgabe speziell ans Herz. Auf Seite 148 finden Sie einen solchen Programmfehlerbericht. Er enthält jene Angaben, die als Mindesterfordernis anzusehen sind. Sollte er Ihren Anforderungen genügen, so kopieren Sie ihn einfach und verwenden ihn für Ihre Testaufgaben.

Nachstehende Erläuterung hilft ihnen beim Ausfüllen. Die Parameter haben folgende Bedeutung:

- **Laufende Nummer:** Die Nummer des Fehlers, unter der er eindeutig identifiziert werden kann – siehe auch Kapitel 8.5 *Fehlerdatenbank* auf Seite 35.
- **Erfassungsdatum:** Datum, an dem der Fehler in die Fehlerdatenbank aufgenommen wurde.

Diese beiden Angaben auf dem Programmfehlerbericht werden vom Verantwortlichen für die Fehlerdatenbank eingetragen. Die folgenden Angaben werden dagegen vom Tester auf dem Programmfehlerbericht ausgefüllt.

- **Anwendung/Programm/Prozedur:** Angaben, in welcher Anwendung und in welchem Programm oder welcher Prozedur der Fehler gefunden wurde. Bitte vergessen Sie nicht die Angabe der Versionsnummer, auf der der Test aufgesetzt wurde.
- **Tester:** Name des Testers, der den Fehler gefunden hat.
- **Testart:** Die hier vorgeschlagenen Testarten sind:
  - MOD-TEST Modultest
  - INT-TEST Integrationstest
  - FKT-TEST Funktionstest
  - SYS-TEST Systemtest
  - ANW-TEST Anwendertest
  - REG-TEST Regressionstest

  Seien Sie hemmungslos in der Anpassung und Erweiterung nach Ihren individuellen Wünschen.
- **Fehlerbewertung:** Fehlerbewertung durch den Tester. Die hier vorgeschlagenen Fehlerbewertungen sind:
  - Sehr Schwer
  - Schwer
  - Leicht
  - Wunsch

Es ist jedoch durchaus möglich, eine andere Klassifizierungsmethode (z.B. Notensystem von 1 bis 5) zu wählen. Wichtig ist jedoch, daß Sie vorweg definieren, welche Fehlerarten in welche Kategorie fallen. Siehe auch Kapitel 8.3 *Klassifikation* auf Seite 32.

- **Fehlerbeschreibung:** Verbale Kurzbeschreibung des gefundenen Fehlers sowie Hinweise, wie der Fehler reproduziert werden kann.
- **Datum:** Wann wurde der Fehler gefunden?
- **Beilagen:** Auflistung jener Beilagen, die zur Dokumentation des Fehlers erstellt wurden wie z.B. Hardcopies, Listausdrucke, Dateiinhalte, Dumps, usw.

Die folgenden Angaben und Ergänzungen des Programmfehlerberichtes werden nicht mehr vom Tester sondern, vom verantwortlichen Projektleiter vergeben.

- **Bewertung:** Bewertung durch den Projektleiter. Es gelten dieselben Regeln wie für die Angabe „Fehlerbewertung" durch den Tester.
- **Kategorie:** Angaben darüber, in welche Kategorie dieser Fehler fällt. Welche Kategorien verwendet werden, ist sehr stark von der Testart abhängig. Bei einem Modultest treten bestimmt andere Fehlertypen auf als bei einem System- oder Anwendertest. So werden hoffentlich bei einem System- oder Anwendertest im Gegensatz zum Modultest keine Loopfehler auftreten. Wichtig ist aber auch hier die Vorwegdefinition, welche Fehlerkategorien in Ihrer Firma verwendet werden sollen. Siehe auch Kapitel 8.2 *Fehlertypen* auf Seite 31.
- **Lokation:** Wo ist der Fehler aufgetreten? In welchem Programm, Prozedur, Helptext, Dokumentation usw. Ob diese Angaben noch detaillierter erfolgen sollen, hängt von Ihnen ab. Wenn Sie Informationstiefe benötigen, dann müssen Sie dazu angeben, in welchem Programmmodul oder in welchem Kapitel der Dokumentation Sie fündig geworden waren.
- **Schlußbewertung:** Die Praxis zeigt, daß es erhebliche Unterschiede in der Einschätzung von Fehlern gibt. Fehlerbewertungen erfolgen durch den Tester und den Programmverantwortlichen. Der Konflikt ist vorprogrammiert.

Für viele Programmverantwortliche ist überhaupt kein Fehler gravierend, der nicht zu Programmabstürzen oder eindeutig falschen Ergebnissen führt. Die Schlußbewertung soll einen Konsens zwischen Tester und Programmierer herstellen. Machen Sie sich die Mühe und nehmen sich Zeit. Es lohnt sich. Das Verständnis der Programmverantwortlichen für die Anliegen der Tester wird verbessert. Durch intensive Diskussionen wird oft auch das Verständnis des Testers für die „technische Durchführung" (wie löst ein Programm die geforderte Funktion) gefördert.

- **Fehlerbehebung von:** Welcher Programmierer hat den Fehler behoben?
- **Behebungsdatum:** Wann wurde der Fehler behoben?
- **Geprüft von:** Wer hat den Regressionstest durchgeführt, der die Korrektur des Fehlers bestätigt?
- **Prüfungsdatum:** Wann wurde der Regressionstest durchgeführt?

Die Angaben auf dem Muster des Programmfehlerberichtes sind die Minimalangaben. Sie können und sollen sie nach Ihren individuellen Bedürfnissen ergänzen. Ob Sie nun z.B. Angaben über die Dauer der Fehlerbehebung und/oder den Regressionstest wünschen hängt davon ab, welche Auswertungen Sie von der Fehlerdatenbank erwarten.

Vor allem für Systementwickler ist es von Interesse, in welchen Programmen oder Prozeduren die meisten Fehler auftreten und von welchem Fehlertyp sie sind. Dadurch ist es ihnen möglich, gerade jene Schritte zu setzen, die die Qualität ihrer Software nachhaltig verbessern.

Programmfehlerbericht		Laufende Nr.
Firma		Erfassungsdatum
Anwendung Prog / Proz	Tester	Datum

		Fehlerauswertung	
❑ MOD-Test	❑ SYS-Test		
❑ INT-Test	❑ ANW-Test	❑ sehr schwer	❑ leicht
❑ FKT-Test	❑ REG-Test	❑ schwer	❑ Wunsch

Fehlerbeschreibung
Beilagen (Listen, Hardcopies etc.):

Erledigung			
Bewertung:	Kategorie:	Lokation:	Schlußbew.:
Fehlerbehebung von:		Behebungsdatum:	
Geprüft von:		Prüfungsdatum:	

16.4 Fehlerprotokoll für Walk Through

Auf Seite 151 finden Sie das Muster eines Fehlerprotokolls, wie Sie es zum Beispiel bei einem Walk Through – siehe Kapitel 10.1 *Walk Through* auf Seite 43 verwenden können.

Er enthält alle Angaben, die als Mindesterfordernis anzusehen sind. Sollte er Ihren Anforderungen genügen, so kopieren Sie ihn einfach, und verwenden Sie ihn für Ihre Testaufgaben.

Nachstehende Ausfüllhilfe erklärt die Bedeutung der einzelnen Parameter:

- **Anwendung:** Bezeichnung der Anwendung die dem Test unterzogen wurde. Siehe dazu auch Kapitel 12.2.1 *Einteilen der Testgebiete* ab Seite 118.
- **Teilgebiet:** Bezeichnung des Teilgebietes der Anwendung, die dem Test unterzogen wurde. Siehe dazu auch Kapitel 12.2.1 *Einteilen der Testgebiete* ab Seite 118.
- **Datum:** Wann wurde der Test durchgeführt?
- **Seite:** Fortlaufende Seitennumerierung.
- **Lfd.Nr.:** Fortlaufende Numerierung der gefundenen Fehler.
- **Typ:** Welcher Fehlertyp liegt vor? Welche Fehlertypen verwendet werden, ist von der verwendeten Programmsprache abhängig. In COBOL-Programmen treten sicherlich andere Fehlertypen auf als bei C-Programmen oder bei Verwendung eines Programmgenerators. Ganz zu schweigen von Fehlertypen, die bei einem Walk Through von Spezifikationen vorkommen werden. Wichtig ist aber auch hier die Vorwegdefinition, welche Fehlertypen in Ihrer Firma verwendet werden. Siehe auch Kapitel 8.2 *Fehlertypen* ab Seite 31.
- **S/L:** Klassifizierung des Fehlers. In dem Musterfehlerprotokoll werden nur die Werte
  - S schwer
  - L leicht

  verwendet. Auch hier können Sie individuelle Klassifizierungsstufen festlegen.
- **F/U/S:** Eine zusätzliche Kategorisierung des Fehlers. In dem Musterfehlerprotokoll haben die Werte nachstehende Bedeutung:
  - F fehlt
  - U unrichtig
  - S sonstiges

- **Dokument/Seite:** Bezeichnet den Platz, wo der Fehler aufgetreten ist. Zum Beispiel Unterprogrammbezeichnung und Zeilennummer oder Kapitel- und Seitennummer des High Level Designs.
- **Fehlerbeschreibung:** Kurzbeschreibung des Fehlers.
- **Korr. am:** Wann und von wem wurde die Korrektur durchgeführt?

Das vorliegende Formular dient den Mitgliedern der Testgruppe als Vorbereitungspapier, auf dem sie ihre gefundenen Fehler dokumentieren. Beim eigentlichen Walk Through – dem Meeting – werden alle Fehler vom Schriftführer in ein solches Formular eingetragen. Die so dokumentierten Fehler werden sodann auf dem Zusammenfassungsprotokoll – ein Muster davon finden Sie auf Seite 152 – eingetragen.

Diese Zusammenfassung (eine Mini-Fehlerdatenbank) zeigt deutlich, wo die Schwächen zu suchen sind. Sie erlaubt uns dann, gezielt Maßnahmen zu setzen, die die Qualität der Arbeit verbessern.

Fehlerprotokoll		Datum
Anwendung	Teilgebiet	Seite

lfd. Nr.	Typ	S/L	F/U/S	Dokument Seite	Fehlerbeschreibung	Korr. am

Legende: Typ siehe Zusammenfassung
S/L Schwer / Leicht
F/U/S Fehlt / Unrichtig / Sonstiges

Fehlerprotokoll Zusammenfassung		Moderator				Datum		
Anwendung		Teilgebiet				Seite		
Fehlertyp		Schwer			Leicht			
		F	U	S	F	U	S	
LOG	Logik							
PRÜ	Prüfung							
INI	Initialisierung							
INT	Schnittstelle / Interface							
PER	Performance							
WAR	Wartbarkeit							
DES	Designfehler							
KOM	Code-Kommentar							
SON	Sonstige							
STD	Standards							
	Summe							

Legende: F Fehlt
U Unrichtig / Falsch
S Sonstiges

Abbildungsverzeichnis

Sachwortverzeichnis

Q

R

S

W

Z

Qualitätsoptimierung der Software-Entwicklung

Das Capability Maturity Model (CMM)

von Georg Erwin Thaller

1993. VIII, 417 Seiten (Zielorientiertes Software-Development; herausgegeben von Stephen Fedtke) Gebunden mit Schutzumschlag. ISBN 3-528-05287-2

Aus dem Inhalt: Software in der modernen Industriegesellschaft – Software-Entwicklung und das Capability Maturity Model – Der Weg zum Erfolg: Projektmanagement, Configuration Management, Qualitätssicherung, Peer Reviews, Metriken, Optimizing

Dieses Buch ist das erste einer Reihe, die es sich zum Ziel gesetzt hat, die Effizienz und die Qualität der Software-Entwicklung zu optimieren. In Fragen der Qualitätsverbesserung, die für viele Unternehmen geradezu überlebensnotwendig wird, ist das Capability Maturity Model (CMM) von herausragender Bedeutung. Mit ihm kann dem Programm-Wildwuchs in Unternehmen effektiv und Schritt für Schritt begegnet werden: durch Verfolgung der Kosten und des Aufwandes, Qualitätskontrolle, Training, quantitative Messungen und, last not least, ständiges „Optimizing".

Verlag Vieweg · Postfach 58 29 · 65048 Wiesbaden

Die Feinplanung von DV-Systemen

Ein Handbuch für detailgerechtes Arbeiten in DV-Projekten

von Georg Liebetrau

1994. XII, 461 Seiten. Gebunden.
ISBN 3-528-05397-6

Aus dem Inhalt: Feinplanung als Teil eines Phasenkonzepts – Pojektorganisation – Einsatz der Benutzer – Datenmodellierung – Programmplanung – Ablauforganisation – Testplanung – Interne Normen – Numerierungssysteme und Prüfziffern – Bilder und Dialoge – Hardware und Datennetz – Personalplanung – Infrastruktur – Datenübernahme – Sicherheit – Kostenkontrolle – Schulung – Werkzeuge – Vorlagen und Muster – Checklisten – Fallstudien – Glossar.

Informatikprojekte verlangen nach ihrem großen Entwurf die Planung vieler Einzelheiten. Das Buch beschreibt alles, was in dieser Feinplanung getan werden muß – bei vielem auch, wie man es machen könnte. Der Stoff ist in 24 Kapitel unterteilt, die einzeln erarbeitet werden können. Die dargestellten Verfahren sind einfach und praktisch bewährt. Beispiele und eine Fallstudie in Fortsetzungen beleuchten die einzelnen Themen. Vorlagen und Muster erleichtern die Arbeit in jedem Projekt. Eine Checkliste mit nahezu 300 Positionen soll Sicherheit bieten, daß keine Tätigkeit vergessen oder zu spät begonnen wird.

Verlag Vieweg · Postfach 58 29 · 65048 Wiesbaden